Steen Thorsson
Burn Baby Burn

Forum Psychosozial

Steen Thorsson

Burn Baby Burn

Kapitalismus als Ursache der Klimakrise und die Psychopathologien ihrer Leugnung

Psychosozial-Verlag

Für Rio

Bibliografische Information der Deutschen Nationalbibliothek
Die Deutsche Nationalbibliothek verzeichnet diese Publikation
in der Deutschen Nationalbibliografie; detaillierte bibliografische Daten
sind im Internet über http://dnb.d-nb.de abrufbar.

Originalausgabe

Gesetzlich vertreten durch die persönlich haftende Gesellschaft Wirth GmbH,
Geschäftsführer: Johann Wirth
Walltorstr. 10, 35390 Gießen, Deutschland
06 41 96 99 78 0
info@psychosozial-verlag.de
www.psychosozial-verlag.de

Umschlagabbildung: Francis Picabia, *Fille née sans mère*, 1916–1917
Umschlaggestaltung und Innenlayout nach Entwürfen von Hanspeter Ludwig, Wetzlar
Druck und Bindung: Majuskel Medienproduktion GmbH
Elsa-Brandström-Str. 18, 35578 Wetzlar, Deutschland
Printed in Germany

ISBN 978-3-8379-3413-7 (Print)
ISBN 978-3-8379-6325-0 (E-Book-PDF)

Inhalt

Dem alten Ozean an sich ist die Umweltverschmutzung gleichgültig, der Geschichte aber ist sie es nicht. Und sie kann nur gerettet werden durch die Abschaffung der Ware Arbeit. Noch nie zuvor bestand für das geschichtliche Bewusstsein eine so dringliche Notwendigkeit, seiner Welt Herr zu werden, denn der Feind vor seinen Toren heißt nicht mehr die Täuschung, sondern der Tod.

Guy Debord, Der kranke Planet

Seit der Fabrikbesetzung haben ihre Panikattacken aufgehört?
Ja.
Aber was war es?
Zeit.
Zeit?
Ich hatte meine Zeit zurück.
So viel verschenkte Zeit.
So viele Wohnmobilfahrten werden nicht unternommen.
So viele Fußballspiele wurden nicht gespielt.
So viele der ersten Tage der Kinder in der Schule verpasst.
So viele Treffen im Gemeindezentrum verpasst.
So viele Theaterstücke und Filme wurden nicht gesehen.
So viele Zickleinragouts nicht gekocht.
So viele Schneefälle, die man nicht gesehen hat.
So viele Grillabende wurden ausgelassen.
So viele ›Ich liebe dich‹, die nicht gesagt wurden.
So viele Dinge haben wir vermisst auf dem Weg.
Wie viel Zeit rauben uns die Unternehmen, die keine Gefühle haben?
Wie viel Zeit bleibt uns noch?

Kollektiv Kepler-452,
Das Kapital – Ein Buch, das wir noch nicht gelesen haben
(Dialog aus dem Theaterstück an der Schaubühne, 2024)

Einleitung

Der Titel des Buches *Burn, Baby, Burn* war schon gesetzt, bevor Donald Trump mit seinem Slogan »Drill, baby, drill« nicht nur Millionen Menschen begeistern, sondern auch die Präsidentschaftswahlen in den USA gewinnen konnte. Buchtitel und Wahlkampfslogan könnten nicht besser zusammenpassen und weisen doch in zwei völlig unterschiedliche Richtungen: Während sich hinter Trumps Parole nichts anderes verbirgt als seine aggressive und bitterernst gemeinte *Antiklimapolitik*, wird in dem Buch der Versuch unternommen, die gesellschaftlichen Verhältnisse zu beschreiben, die die gegenwärtige ökologische und sozial-ökonomische Krise hervorgebracht haben und in zunehmenden Maße die Natur *und* die menschlichen Beziehungen verwüsten. Der Titel des Buches kann als Persiflage auf die immer schrilleren Antiklimapolitik-Slogans verstanden werden und dient zugleich als Chiffre für die destruktive politische Entwicklung und eine gesellschaftliche Dynamik, in der Spaltung, Verleugnung und Paranoia vorherrschen. Migration, Migration, Migration!, schallt es von morgens bis abends durch alle Talkshows, strahlt es auf allen Bildschirmen, wird millionenfach auf allen Social-Media-Plattformen gehetzt. Das ist die hysterische Grundstimmung der Zeit, die offenkundig weite Teile von Medien, Politik und Gesellschaft erfasst hat. Der Migrant[1] soll schuld sein an der eigenen wie auch der allgemeinen Malaise.

Sigmund Freud hat dafür den passenden Begriff der *Schiefheilung* geprägt. Die individuelle und gesellschaftliche Krise soll durch innerpsy-

---

1 Statt Binnen-I, Genderstern oder -doppelpunkt wird in dem Text entweder spielerisch und/oder abwechselnd gegendert oder bewusst Maskulinum oder Femininum eingesetzt. So beispielsweise, wenn von *dem* Industriearbeiter in den 1960er Jahren gesprochen wird oder *der* Erzieherin in der gleichen Zeit; bei beiden Berufsgruppen wäre es historisch falsch, hier zu vermischen oder zu gendern.

chische Konfliktabwehr in Form der Feindbildprojektion gelöst werden. Dabei bleiben die Subjekte, die sich als regressive Masse im wütenden Mob vereinen, trotz der umstürzlerisch daherkommenden Anti-Establishment-Tiraden nichts weiter als konformistische Rebellen. Denn genau wie bei den bürgerlichen Parteien ist der Glaube an das Bestehende ihr ideologisches Fundament und tägliches Geschäft. Aber während die Politikerinnen und Politiker der »bürgerlichen Mitte« die Misere, die der Kapitalismus immer wieder aufs Neue hervorbringt, leugnen und auch keinen Ausweg anbieten außer einem unverdrossenen »Weiter so«, machen die autoritären Demagogen die unerträgliche soziale Situation zumindest zum Thema. Die von ihnen angebotene Lösung verspricht zwar keinen ökonomischen oder materiellen, jedoch offensichtlich einen wichtigen psychologischen Gewinn: die Lust an der Zerstörung. Die ökologischen und sozialen Verwerfungen, die die kapitalistische Produktionsweise mit sich bringt, können im destruktiven Wahn der Masse verdrängt und verleugnet werden.

Heute, fünf Jahre nach den ersten globalen Schülerinnenstreiks, die Millionen Menschen auf die Straße gebracht haben, ist die Klimakrise allgegenwärtig. Obwohl man dem Klimaaktivismus – ob in Form von Massenprotesten, Straßenkleberei oder Braunkohlerevier- und Waldbesetzungen – sicherlich verdanken kann, dass das »Thema« zunehmend in den Fokus des öffentlichen Interesses gerückt ist, muss gleichzeitig festgestellt werden, dass es sich in gewisser Weise selbst aufgezwungen hat: Kein Sommer vergeht mehr, in dem nicht der nächste Hitzerekord erreicht wird, Waldbrände sich durch den Amazonas, kalifornische Wälder oder die Millionenstadt Los Angeles fressen, die nächste Jahrhundertflut ganze Landstriche verwüstet und sich dabei Mensch und Natur mit einverleibt. Die zunehmende Leugnung des Klimawandels macht diese und kommende Zerstörungen nicht ungeschehen – und auch nicht das zunehmende Leid, das damit verbunden ist und wachsen wird.

Mir kommt die Parallele zu der globalen Wirtschaftskrise nach der Pleite von *Lehman Brothers* 2008 in den Kopf. Über Jahre versuchten Aktivistinnen und Aktivisten der sogenannten globalisierungskritischen Bewegung mit G7- und G20-Gipfelprotesten von Seattle über Genua bis Heiligendamm die Welt davon zu überzeugen, dass der »Neoliberalismus« und die empörenden globalen Ungleichheiten, die er tagtäglich produziert, auf den Müllhaufen der Geschichte gehören. Doch erst mit dem Crash der globalen Wirtschaft und den folgenden verheerenden sozialen Verwerfungen kam ein zentrales Thema wieder ganz oben aufs Tableau: die Krisenhaftigkeit des Kapitalismus und die Kritik an der Klassengesellschaft, die auch mehr als 150 Jahre nach dem Erscheinen des Marx'schen *Kapital* noch die Basis für die Mehrwertproduktion ist. Karl Marx erschien in Popart-Grafiken auf Hochglanzcovern internationaler Zeitungen, Kapitalismuskritik war plötzlich wieder en vogue, ob auf der Straße, in Film und Theater, als *Spiegel*-Bestseller, in TV-Talks oder im Feuilleton. Gleichgültig gegenüber den salonsozialistischen Debatten im Feuilleton breiteten sich nach dem Crash 2008 gleichzeitig massive Kämpfe auf der ganzen Welt aus, vom Syntagma-Platz in Athen über die Occupy-Bewegung in den USA bis hin zum arabischen Frühling, um nur einige Beispiele zu nennen. Obwohl die Bourgeoisie, heute oft »Establishment« genannt, von den globalen Aufständen anfangs sichtlich überrumpelt wurde, mussten die Bewegungen auf der Straße doch heftige Niederlagen einstecken. Die Hoffnungen, die Verhältnisse radikal umwälzen zu können, verflogen zusammen mit den Tränengasschwaden auf den besetzten Plätzen, während gleichzeitig in Windeseile Austeritätsprogramme durchgepeitscht wurden. Zugunsten des Wirtschaftswachstums den Gürtel enger schnallen, lautete das Gebot der Stunde. Nicht die Theorien von Karl Marx, sondern die Schriften von Friedrich August Hayek und seiner Nachfolger wurden zur Fachliteratur der Krisenlösung auserkoren.

Während die kapitalistische Warenproduktion also weiterläuft, nimmt auch gleichzeitig die ökologische Verwüstung des Planeten Jahr für Jahr weiter an Fahrt auf. Das vergangene Jahr war das wärmste seit Beginn der Aufzeichnungen und die Erderwärmung lag im Durchschnitt bereits über der wichtigen Marke von 1,5 Grad. Dennoch: die Fördermengen von Öl und Gas sollen bis mindestens 2050 weiter ansteigen. Die UNEP-Direktorin Inger Andersen stellt dazu fest: »Die Pläne der Regierungen, die Produktion fossiler Brennstoffe auszuweiten, untergraben die Energiewende, die notwendig ist, um Netto-Null-Emissionen zu erreichen, schaffen wirtschaftliche Risiken und stellen die Zukunft der Menschheit infrage« (Andersen, 2023). Angesichts der Tatsache, dass die immer häufigeren Naturkatstrophen bereits als Folge des Klimawandels eingestuft werden und von dem *Intergovernmental Panel on Climate Change* (2023), dem sogenannten Weltklimarat der Vereinten Nationen, eindringlich vor entstehenden unbewohnbaren Zonen auf der Welt gewarnt wird, muss man sich nicht an den apokalyptischen Prophezeiungen mancher Wissenschaftlerinnen oder Aktivisten der *Letzten Generation* berauschen, um sich dennoch ernsthaft und ganz grundsätzlich Sorgen zu machen. Die Klimakrise berührt dabei eine Frage, die bereits für Sigmund Freud und noch mehr in der Kritischen Theorie eine zentrale Rolle gespielt hat: das *dialektische Verhältnis* zwischen Mensch und Natur.

Der Theoretiker der *Situationistischen Internationale* Guy Debord hat 1971 in seinem Text *Der kranke Planet (La planète malade)* vor der fortschreitenden ökologischen Zerstörung gewarnt. Gleichzeitig kritisiert Debord den *gesellschaftlichen Umgang* mit dem neuen Modethema *pollution*, Umweltverschmutzung, als großes *Spektakel*. Demnach schrieben sich die Wissenschaftlerinnen der bürgerlichen Gesellschaft auf die Fahnen, »mit unanfechtbarer mathematischer Präzision« prognostizieren zu können, »wohin das automatische Wachstum der entfremdeten Produktivkräfte der Klassengesellschaft führt« (Debord, 2022, S. 111). Das Ganze verkomme dabei zu einer grotesken Show, in der »der rapide Zerfall der Überlebensbedingungen im allgemeinsten und trivialsten Sinne des Wortes [...] eine messbare Größe geworden« (ebd.) sei. Das habe jedoch nicht dazu geführt, dass die Produktionsverhältnisse infrage gestellt worden wären. Stattdessen sei zu beobachten, wie der innovativste Teil der Industrie neue Produkte auf den Markt werfe, mit denen er nicht nur seinen Profit maximiert, sondern überdies suggeriert, so das Problem der Umweltverschmutzung zu beseitigen. Aber im Gegensatz zu vorherigen Formen kapitalistischen Reformeifers und industriellen Umstrukturierungen, so Debord, geht mit der Umweltfrage ein qualitativer Unterschied einher: »die Zeit [läuft] davon« (ebd., S. 114).

Trotz grundlegender Unterschiede zwischen Umwelt- und Klimafrage findet heute ein vergleichbarer Vorgang statt: Während an den Produktionsverhältnissen nicht gerüttelt wird, ähnelt die ganze Veranstaltung zum Klimaschutz einem riesigen Spektakel: Der Flug, die Autofahrt, der Urlaub und die Currywurst sollen schon heute *klimaneutral* erwerbbar sein. Auf dem Jahrmarkt der grünen Warenwirtschaft sind dem Handel mit Emissionen keine Grenzen gesetzt. Gleichzeitig wird in der Öffentlichkeit jeden Tag mit Zahlen, Daten und Modellierungen jongliert, die in einem schwindelerregenden Ausmaß umherfliegen und dennoch immer wieder in die gleiche Richtung weisen: Die nächsten Kipppunkte sind bald erreicht, die nächste Naturkatastrophe steht bereits vor der Tür und auch die Gefahr von globalen Pandemien erhöht sich durch den Raubbau an der Natur und die Folgen des Klimawandels immens (Wallace, 2020). Währenddessen kann man auf App-basierten CO_2-Fußabdruckrechnern sowohl den individuellen als auch den globalen Kohlenstoffdioxidausstoß errechnen und Sparmaßnahmen bei der eigenen Schadstoffproduktion planen. Es ist ein apokalyptischer Real-Time-Modus, der zugleich zum *Massenspektakel* avanciert ist; der Mensch ist gefangen in der Handlung und Zuschauer zugleich. Alle sitzen im selben Drama, sind Teil der gesellschaftlichen Verhältnisse, aus denen es kein Entkommen gibt. Dabei sind die Fliehkräfte groß und an den Rändern lauert Vereinsamung, Weltuntergangsstimmung, Aggression und Feindbildprojektion in der schiefheilenden Masse – oder als letzte Option: der blanke Wahnsinn.

Um die *gesellschaftlichen Verhältnisse* zu kritisieren, braucht es weder massive Umweltverschmutzungen noch den Klimawandel. Schon Marx (1844) verkündete mit seinem eigenen kategorischen Imperativ, es gelte, »alle Verhältnisse umzuwerfen, in denen der Mensch ein erniedrigtes, ein geknechtetes, ein verlassenes, ein verächtliches Wesen ist« (S. 385). Neben den ganz alltäglichen Grausamkeiten, die trotz der schwindelerregenden kapitalistischen Produktivkraftentwicklung weiterhin bestehen, schreibt Marcuse (1965) in *Triebstruktur und Gesellschaft*, dass sich die Destruktivität des heutigen Kulturzustandes vor allem dann zeige, wenn man die Gegenwart in »den Begriffen ihrer eigenen Möglichkeiten bemißt« (ebd., S. 103). Dabei gehe es um den qualitativen Unterschied, ob »technische Erfindungen, die die Welt vom Leid befreien könnten, für Eroberungen oder für die Schaffung von Leiden verwendet werden [...]; ob Flüchtlinge jenseits der Grenzen Obdach finden können, oder ob sie rings um die Erde gejagt werden« (ebd.).

Der Klimawandel hat bereits jetzt verheerende Folgen für Mensch und Natur und wirkt gleichzeitig als Brandbeschleuniger der ohnehin schon zu skandalisierenden gesellschaftlichen Zustände. Was eine Erhöhung der globalen Temperatur um ein, zwei oder drei Grad Celsius tatsächlich genau für Mensch und Natur bedeuten wird, kann weder jemand genau vorhersagen, noch soll dies Gegenstand der vorliegenden Schrift sein. Wie viele Landstriche bereits jetzt durch klimabedingte Naturkatastrophen verwüstet wurden und in Zukunft unbewohnbar werden, lässt sich genauso wenig beziffern wie die Anzahl der Menschen, die schon heute direkt oder indirekt von klimatischen Veränderungen betroffen sind, ob durch Dürre und Hunger, Jahrhundertflut und Flucht, Verarmung und Tod.

Ähnlich wie bei der Coronapandemie bleibt im Zuge der globalen Erderwärmung festzuhalten: Die Folgen treffen *nicht* alle Menschen gleich. Die ärmsten Bewohnerinnen und Bewohner Südostasiens, Afrikas und Lateinamerikas sind am härtesten betroffen. So werden die Slums von

Neu-Delhi und die Favelas von Rio de Janeiro von den jährlich neuen Rekordtemperaturen zu tödlichen Betonwüsten. Strom- und Wasserausfälle sowie fehlende Isolation der Gebäude gegen die brennende Hitze bedeuten für Millionen Menschen in den Slums der Megametropolen der ärmsten Kontinente großes Leid und für die besonders vulnerablen Gruppen birgt dieser Zustand eine permanente Gefahr für das Leben. Doch auch in den westlichen Industrienationen gibt es ein erhebliches Gefälle zwischen denen, die etwa ihren Hochsommer in den Luxusvillen mit Pool an der Côte d'Azur verbringen können, und denen, die diesen etwa in den schlecht isolierten Hochhaussiedlungen der Banlieues der Pariser Vorstädte verbringen müssen. Auch die steigenden Preise für alltägliche Lebensmittel oder für Benzin und Heizkosten, oft befeuert durch sogenannte CO_2- oder Ökosteuern, treffen die Menschen unterschiedlich hart. Für die eine Seite bedeutet es Zwang zum Verzicht, weniger Mobilität und kalte Räume in der Mietkaserne im Winter, während die andere Seite fortan mit dem Elektroauto aus der Garage fahren kann und das Eigenheim künftig vermutlich durch die mit Solarstrom angetriebene Wärmepumpe und Fußbodenheizung gewärmt wird. Gesellschaftliche Naturverhältnisse berühren also auch unweigerlich die Klassenverhältnisse; die ökologische Frage ist somit auch eine Klassenfrage.

Wozu braucht es dann die Psychoanalyse, um sich mit der Klimakrise auseinanderzusetzen? Es ist anzunehmen, dass die fortschreitende ökologische Destruktion auch keinen Halt vor den innerpsychischen Vorgängen im Subjekt macht. Die Klimakrise hat sich mittlerweile zu einem alltäglichen Grundrauschen entwickelt, verliert dabei jedoch nicht ihren Schrecken. Im Gegenteil, sie scheint sich wie ein Tsunami in Zeitlupe auf die Menschheit zuzubewegen. Die Welle scheint dabei so mächtig, dass vernünftiges Handeln wirkungslos erscheint. Aber das vielleicht Entscheidende dabei: Die Klimakrise trifft auf *gesellschaftliche Verhältnisse*, die, gemessen an dem Stand der Produktivkräfte, der die Menschheit im Grunde dazu befähigen würde, Armut, Hunger und der extremen globalen Ungleichheit abzuschaffen, als irrational zu betrachten sind. Es braucht die Psychoanalyse, so Adorno (1955), weil sie als »einzige [...] im Ernst sich mit den subjektiven Bedingungen der objektiven Irrationalität befasst« (ebd., S. 42). Angesichts der Tatsache, dass mit dem fortschreitenden Klimawandel sowohl die Zunahme der ökologischen Verwüstung als auch der Verschärfung sozialer Widersprüche zu erwarten ist, erscheint es heute erklärungsbedürftig, warum keine fundamentale Opposition zu sehen ist, die gegen ebendiese Verhältnisse aufbegehrt, warum die Menschen nicht gemeinsam für eine vernünftig eingerichtete Welt eintreten, sondern sich ebendiese Verhältnisse immer wieder zu eigen machen.

Während die Klimabewegung ihre Dynamik verloren hat und längst neben den anderen großen Krisen der Zeit, zwischen Pandemie, Krieg sowie einer allgemeinen sozialen Erosion verblasst, scheinen andere gesellschaftliche Kräfte von genau dieser krisenhaften Entwicklung zu profitieren. Je unerträglicher die Realität für das einzelne Subjekt, desto weniger Raum bleibt zum bewussten Fühlen, Denken und Handeln, so scheint es. Gerade wenn die Angst vor der äußeren Realität zu groß wird, so Freud (1930) im *Unbehagen in der Kultur*, bleibe die Umschaffung, die Verleugnung der Realität, damit man mit ihr nichts zu tun haben müsse. Der Einzelne werde wahrscheinlich bei diesem Versuch ein Wahnsinniger, sei doch die Realität zu mächtig; es wäre vermutlich heute der sichere Weg in die Psychiatrie. Es gäbe da aber noch einen anderen Weg, so Freud: Verleugnung im Verbund der Masse, im *Massenwahn*, in der eine »größere Anzahl von Menschen gemeinsam den Versuch unternimmt, sich Glücksversicherung und Leidensschutz durch wahnhafte Umbildung der Wirklichkeit zu schaffen« (ebd., S. 440) – eine Option, die gegenwärtig für viele offensichtlich zur echten Alternative wird. Es scheinen die gleichen Leute zu sein, die ernsthaft behaupten, dass die riesigen Waldbrände während der Hitzewelle in Kalifornien durch »Space Laser« ausgelöst wurden, die von »Juden« kontrolliert würden (Lamberty & Nocun, 2023), und gleichzeitig die Schuld an ihrer eigenen Misere auf andere abladen wollen: die Migranten, Marxistinnen, vermeintliche Klimahysteriker und die allgemeine Verschwörung der globalen (jüdischen) Eliten. Der gesellschaftliche Rechtsruck hierzulande drückt sich dabei nicht nur darin aus, dass die rechtsextreme Partei AfD, die zudem die Klimafrage als »Klimalüge« bezeichnet, bei den Bundestagswahlen 2025 über 10 Millionen Stimmen erhalten hat, sondern auch darin, dass mittlerweile fast die Hälfte der Deutschen Flucht und Migration für das wichtigste Problem der Zeit betrachten; offensichtlich mit dem Wunsch verbunden, dem »Spuk der Massenflucht« nach Europa ein Ende zu setzen.

Die Maschine der pathischen Projektion ist geölt und läuft parallel zu den globalen Temperaturen heiß. Noch sind es die Schwächsten im Glied der Kette, die die Konsequenzen am meisten zu spüren bekommen: Geflüchtete aus den Regionen der Welt, in denen bereits jetzt kein lebenswertes Leben mehr möglich ist, ob durch Armut, Hunger, Krieg oder die

Folgen des Klimawandels. Die Hemmschwelle der Bereitschaft zum Losschlagen sinkt alltäglich und die regressive Masse gibt immer mutiger zu erkennen, dass niemand mehr sicher sein soll, der sich ihr in den Weg stellt. Gleichzeitig wird auch an anderer Stelle verbal und ganz real aufgerüstet. Für die Bundeswehr wurden 100 Milliarden Euro zusätzlich aus dem Ärmel geschüttelt, um Deutschland wieder »kriegstüchtig« (Pistorius, 2023) zu machen, während die Kindergrundsicherung für die fast drei Millionen in Armut lebenden Minderjährigen auf Eis gelegt wurde, Frauenhäuser und Jugendzentren aufgrund von sozialen Einsparungen vor dem finanziellen Aus stehen. Man ist sich einig mit dem rassistischen Pöbel: Der Feind steht nicht im eigenen Land. Wenn dann auch noch *Tote Hosen*-Star Campino öffentlich bedauert, dass er unter den heutigen Umständen natürlich nicht seinen Kriegsdienst verweigern würde und Deutschlands größtes Rüstungsunternehmen *Rheinmetall* zum »Champions-Partner« des Bundeligaclubs *Borussia Dortmund* aufsteigen konnte, kann von einer schleichenden Militarisierung der Gesellschaft keine Rede mehr sein. Sie eilt im Marschschritt voran.

Die gesellschaftlichen Verhältnisse geraten zunehmend aus dem Blick, wenn es um die Erklärung der Ursachen sowohl für die krisenhaften Entwicklungen im Allgemeinen als auch der Klimakrise geht. Zudem lässt sich in dem selbst erklärten Zeitalter des Anthropozäns auch ein Verblassen der Begriffe beobachten, die für Psychoanalyse und Kritische Gesellschaftstheorie zentral waren und sind: So ist die Rede von der Erde statt der Natur, von Menschheit statt Subjekt, von unternehmerischer Innovation statt instrumenteller Vernunft, von Demokratie statt der bürgerlichen Gesellschaft. Im Folgenden soll aufgezeigt werden, dass es für die Auseinandersetzung mit den zunehmenden faschistischen Tendenzen weltweit sowie der gegenwärtigen sozialen und ökologischen Krise beides braucht: die Psychoanalyse, als kritische Theorie des Subjekts, genauso wie kritische Gesellschaftstheorie.

Im ersten Kapitel »Subjekt, Natur und Gesellschaft: Dialektik der Naturbeherrschung« wird zunächst das dialektische Mensch-Natur-Verhältnis mit der psychoanalytischen Subjektstheorie von Freud dargestellt. Anschließend werden mit Karl Marx und Friedrich Engels sowie der Kritischen Theorie die historisch-spezifische Form der Naturbeherrschung in der bürgerlichen Gesellschaft und die damit verbundene Verdinglichung der Natur nachgezeichnet.

In Kapitel zwei »Klima des Kapitals« wird in Rekurs auf marxistische Theorien herausgearbeitet, dass es die kapitalistisch verfassten Produktionsverhältnisse sind, die die gegenwärtige Klimakrise hervorbringen. Mit dem von Max Horkheimer entwickelten Gedanken der *instrumentellen Vernunft* wird argumentiert, dass der kapitalistisch verfassten Naturbeherrschung, angetrieben durch Konkurrenz und Zwang zur fortschreitenden Akkumulation, die Tendenz der totalen Beherrschung der Natur innewohnt. Im Folgenden wird aufgezeigt, warum auch den sogenannten *klimaneutralen Technologien* oder Techniken zur Abwehr der Klimakrise in Form von *Geoengineering* die Logik dieser Produktionsverhältnisse inhärent ist und somit auch die Gefahr der weiteren ökologischen Verwüstung.

Im dritten Kapitel »Angst und Paranoia« werden die Theorien der Angst von Sigmund Freud dargestellt und in Anlehnung und Erweiterung dazu die Grundzüge der Angsttheorie von Melanie Klein herausgearbeitet. Unter Rückgriff auf psychoanalytische Theorie zur Klimakrise wird angenommen, dass der Klimawandel und die damit einhergehenden Bedrohungen nicht nur zum Ausgangspunkt von Realangst werden, sondern auch unbewusste Ängste und Fantasien mobilisiert werden. Die massiven Abwehrformen, die im Zusammenhang mit der Klimakrise auftreten, können nur entschlüsselt werden, wenn die mit ihr in Verbindung stehenden unbewussten Ängste verstanden werden.

Die Konfrontation mit dem Klimawandel hat auch jene Angstabwehr zur Folge, die sich in zerstörerischen und gewaltsamen Fantasien beobachten lässt und sich in letzter Konsequenz auch in einer Brutalisierung in den Verhaltensweisen ausdrücken kann. Das regt zu der Auseinandersetzung mit der Konzeption des Todestriebs an, die in Kapitel vier »Todestrieb und Klimakrise« mit Bezug auf Sigmund Freud und Melanie Klein dargestellt wird. Herbert Marcuse versucht in *Triebstruktur und Gesellschaft* psychoanalytische Theorie und die Freud'sche Konzeption des Todestriebes mit kritischer Gesellschaftstheorie zusammenzudenken. Diese Denkbewegung Marcuses soll mit Blick auf psychische Reaktionsweisen auf die Klimakrise und die sich darin ausdrückenden destruktiven Momente gegen Mensch und Natur nachvollzogen werden.

Im fünften Kapitel »Psychopathologie der Klimaleugnung« werden die dargestellten Theorien mit den realen Erscheinungsformen von Klimaleugnerinnen verknüpft und diskutiert. Die Psychopathologie der Klimaleugnung, so die These, drückt sich in zwei unterschiedlichen, aber zueinander in Beziehung stehenden Formen aus. Eine Form der Verleugnung ist deshalb so stabil, weil die wissenschaftliche Faktenlage nicht bestritten wird. Mit der von Melanie Klein ausgeführten *omnipotenten Verleugnung* wird argumentiert, dass sich ein fetischistischer Technik-Utopismus deuten lässt, der sich durch *Projektion* auf eine *rettend technische Entwicklung* in Form eines idealisierten, guten Objektes ausdrückt. Das wird anhand der Technologie des *Geoengineering* verdeutlicht. Bei dem zweiten Phänomen wird die Gefahr des Klimawandels oder sogar der Klimawandel *an sich* geleugnet. Es wird aufgezeigt, wie sich dabei eine starke Tendenz autoritärer Dynamiken und Glauben an Verschwörungstheorien entwickelt. In Anlehnung an den von Freud (1921) beschriebenen Massenwahn in *Massenpsychologie und Ich-Analyse* wird diskutiert, wie es dabei auch zu einer regressiven *Massenbildung und Feindbildprojektion* kommt.

1 Subjekt, Natur und Gesellschaft: Dialektik der Naturbeherrschung

Aus einer sozialpsychologisch-psychoanalytischen Perspektive auf die gegenwärtige Klimakrise soll nicht nur die ökologische Zerstörung an sich in den Blick genommen werden, sondern es stellt sich die Frage, welche Auswirkung die Situation auf das Subjekt hat. Kann angesichts der anhaltenden destruktiven Dynamik bereits von Subjekten der ökologischen Verwüstung[2] gesprochen werden? Der Annahme folgend, dass unbewusste Ängste durch die zunehmende Bedrohung aktiviert werden, stellt sich des Weiteren die Frage, welche Abwehrmechanismen dagegen mobilisiert werden. Die Psychoanalytikerin Delaram Habibi-Kohlen (2019) stellt ganz allgemein fest, dass je allgegenwärtiger die Folgen der Klimakrise im Alltag erfahrbar werden, desto unbegreifbarer zugleich der Riss wirkt, der weiterhin zwischen »aufgeklärtem Wissen sehr vieler Menschen« (S. 31) und einer »individuellen wie gesamtgesellschaftlichen Handlungsnotwendigkeit besteht« (ebd.), die nicht umgesetzt wird. Susan Kassouf (2022) schreibt in ihrem Text »Thinking catastrophic thoughts: A traumatized sensibility on a hotter planet«, dass die Prognosen in Bezug auf mögliche Folgen der globalen Erderwärmungen immer bedrohlicher auf das Subjekt wirken würden, da mögliche Konsequenzen schon jetzt nicht mehr nur als wissenschaftliche Modellierungen und Zahlen erschienen, sondern sowohl ganz unmittelbar als punktuelle katastrophische Zustände real erlebt werden als auch unbewusste Ängste im Seelenleben des Subjekts aktivieren würden. Dabei ist anzunehmen, dass das Subjekt gegen die Ängste massive Abwehrmechanismen mobilisiert, um einer inneren Desintegration zu entgehen (Kassouf, 2022; Weintrobe, 2023; Habibi-Kohlen, 2021).

---

2 Titel eines Workshops im Mai 2024 am Frankfurter *Institut für Sozialforschung* zu Subjektivität und Klimawandel.

Doch, was ist allgemein damit gemeint, wenn von Subjekt und Natur die Rede ist? In Anlehnung an Sigmund Freud und die Kritische Theorie soll im Folgenden ein dialektisches Verhältnis zwischen Mensch und Natur herausgearbeitet werden. Die ökologische Krise, so die These in diesem Kapitel, ist unweigerlich mit den *gesellschaftlichen Verhältnissen* verbunden. Konkret sind damit die kapitalistischen Produktionsverhältnisse gemeint und die damit verbundene Verdinglichung der Natur: Dabei werden Natur und natürliche Ressourcen als Objekte oder Dinge behandelt, rational eingeplant und für wirtschaftliche und technologische Zwecke verwertet, ohne dass dabei die sozialen und ökologischen Auswirkungen oder die moralische Dimension dieser Nutzung berücksichtigt werden.

1.1 Der Mensch als geformte Natur

Die psychoanalytische Theorie Freuds erscheint zunächst als Individualpsychologie. Doch gleichzeitig kann darin auch der Versuch gelesen werden, »eine kritische Theorie der bürgerlichen Gesellschaft« (Brunner & Lohl, 2012, S. 33) vom Seelenende her zu schreiben. Sein Fokus lag darin, wie die Kultur die Subjekte formt und wie sich das in den individuellen Lebensgeschichten niederschlägt. Freud hat mit der Psychoanalyse eine »kritische Theorie des Subjekts« (Brunner, 2003) geschaffen und somit ein analytisches Werkzeug entwickelt, das es ihm ermöglichte, »die vermeintliche Naturbedingtheit des menschlichen Denkens, Fühlens und Handelns als gesellschaftlich präformierte Pseudonatur zu demaskieren« (Bossert, 2022, S. 20). Freud konnte somit erkennen, wie der Mensch »seinen Charakter, seine erste *Natur* lebensgeschichtlich erwirbt« (Brunner, 2003, S. 1, [Hervorh. i. Orig.]), wie also im Sozialisationsprozess »seine erste Natur, seine Anlagen, einer Modifizierung unterliegen und nur als geformte Natur überhaupt sichtbar wird« (ebd.). So lässt sich der Mensch nur als gesellschaftliches Wesen und somit auch nicht als etwas der Gesellschaft Äußerliches denken; sondern nur als »Natur und Nicht-Natur zugleich« (ebd.) verstehen. Ich folge dieser Argumentation: Denkt man das Subjekt als etwas, das auch Natur ist sowie gleichzeitig etwas besitzt, was nicht Natur ist, sondern auch gesellschaftlich, also von der Gesellschaft geprägt und erworben wurde, so kommt man zu einem dialektischen Verständnis des Subjekts. Dahingehend ist auch der Begriff des Triebes von Freud im Zusammenhang mit dem dialektischen Mensch-Natur-Verhältnis zu verstehen.

Nach Freud (1915) streben die somatischen Reize stets danach, eine potenzielle Entladung von Spannungen im Körper zu erreichen. Die Psyche nimmt diese Reize auf und erhält in Form des »Triebes« eine psychische Repräsentation. Der Trieb sei dabei nicht allein eine physische Kraft, sondern vielmehr eine Verbindung von Körperlichem und Geistigem; der Trieb ist demzufolge ein »Grenzbegriff zwischen dem Somatischen und dem Psychischen« (S. 214). Freud argumentiert, dass die nach Außen drängenden Triebe nach Abfuhr suchen und dabei stets den in der Sozialisation erworbenen Abfuhrbahnen, den »Triebschicksalen« (Brunner, 2003, S. 1), folgen. Brunner betont, der Gegenstand der Psychoanalyse sei »weder der Reiz noch der Trieb an sich [...], sondern die Triebschicksale« (ebd.). Sobald der Trieb auf ein Ziel in Verbindung mit einem bestimmten Objekt gerichtet sei, trete er für uns in Erscheinung und werde wahrnehmbar. Natur und Kultur seien dabei untrennbar miteinander verbunden, wobei Natur immer erst als *zweite Natur*, als durch *Sozialisation und Kultur verändert*, erkennbar werde. Was Freud also interessiert, sind die »durch soziale Interaktionen strukturierten *Triebschicksale*, denen er mit einem kritisch-hermeneutischen Verfahren im klinischen Setting nachzuspüren versuchte« (Brunner & Lohl, 2012, S. 34). So kann Freud auch die psychischen Leiden, die Neurosen der Zeit, »als *soziale Leiden* dechiffrieren, die in deformierten Sozialisationsprozessen erworben« (Dahmer, 2013, S. 53 [Hervorh. i. Orig.]) wurden.

Freuds (1916–17) Behauptung, dass die einzige bewusstseinsfähige psychische Instanz, »das Ich, nicht Herr im eigenen Hause« (S. 295) sei, und »dass wir *gelebt* werden von unbekannten, unbeherrschten Mächten« (ebd. [Hervorh. i. Orig.]), war eine Provokation und zugleich Kränkung der bürgerlichen Gesellschaft und ihrer Idee des Subjekts zu Beginn des 20. Jahrhunderts. Freud (1933) stellt fest, dass das »Ich« in dem Versuch, zwischen dem »Es« und dem »Über-Ich« zu vermitteln, »vom Es getrieben, vom Über-Ich eingeengt, von der Realität zurückgestoßen« (S. 84) werde. Und somit ringe »das Ich um die Bewältigung seiner ökonomischen Aufgabe, die Harmonie unter den Kräften und Einflüssen herzustellen, die in ihm und auf es wirken« (ebd.). Sei das Ich zu schwach, so Freud, dann »bricht es in Angst aus, Realangst vor der Außenwelt, Gewissensangst vor dem Über-Ich, neurotische Angst vor der Stärke der Leidenschaften im Es« (ebd., S. 85). Das dabei im »Entstehen begriffene Subjekt« (Kirchhoff, 2014, S. 51) wird also nicht »als Natursubstrat gedacht, welches dann kulturell oder sozial überformt oder verändert würde« (ebd.), sondern, es ist genau gegensätzlich: »Von Freud gefasst als Lebensnot, bedrängt Natur als das Andere das sich konstituierende Subjekt von Innen und Außen« (ebd.). Freuds Konzeption der Triebschicksale, des Lebensverlaufs und seiner charakteristischen Krisen dient als Grundlage für die psychoanalytische Neurosenlehre; die Gesellschaft erscheint darin zunächst lediglich als verschleierter Horizont der Neurosentheorie, »als kulturell überformte natürliche *Umwelt*, von der der Seelenapparat der Individuen seine Prägung empfängt und an der er sich zu bewähren hat (Dahmer, 2013, S. 54 [Hervorh. i. Orig.]). Damit werden die »Grenzen wie der kritische Charakter des psychoanalytischen Verständnisses der Gegenwartsgesellschaft vorgezeichnet« (ebd., S. 55). Denn, so kritisieren Brunner und Lohl (2012), Freud habe weder einen »Begriff der bürgerlichen Gesellschaft, in der er lebte, noch einen wirklich historischen Blick auf die von ihm analysierten Menschen und Phänomene« (S. 35) entwickelt. Dieser politische Seitenhieb auf den Begründer der Psychoanalyse erscheint berechtigt. Doch war es zunächst auch nicht Freuds Absicht, die Gesellschaft zu kritisieren, in der er lebte. Dennoch kann sich ein gesellschaftskritisches Potenzial der Freud'schen Psychoanalyse entfalten, wenn man die gesellschaftlichen Verhältnisse *historisch kontextualisiert und entnaturalisiert*, also die *Zweite Natur* mit in den Blick nimmt.

1.2 Die Zweite Natur: Dialektik des Prothesengotts

Im Jahr 1930 erscheint Freuds *Das Unbehagen der Kultur*, eine seiner wichtigsten kulturtheoretischen Schriften. Freud stellt darin fest, dass mit der Kulturentwicklung »der Mensch sozusagen eine Art Prothesengott geworden [ist], recht großartig, wenn er alle seine Hilfsorgane anlegt« (S. 451). Er rechnet mit weiteren großen technischen Fortschritten und zivilisatorischen Errungenschaften in nicht allzu »ferne[n] Zeiten« (ebd.), welche die »Gottähnlichkeit noch weiter steigern« (ebd.) würden. Doch die Kulturentwicklung habe ihren Preis, mahnt Freud, denn »der heutige Mensch« (ebd.) fühle sich »in seiner Gottesähnlichkeit nicht glücklich« (ebd.). Im Kampf um die Naturbeherrschung entdeckt Freud einen fortwährenden Widerstreit: Zivilisation sei nur durch Sublimierung, durch Triebunterdrückung, zu haben. Anders waren Fortschritt und Kulturentwicklung für Freud nicht denkbar. Der Kampf zwischen Kultur und Natur stellt somit für ihn einen fortwährenden »Lebenskampf der Menschenart« (S. 481) dar, der primär aus dem Mangel, der den Menschen zur Anpassung und zum Triebverzicht zwingt, resultiere. So sagt Freud (1916–17) in den *Vorlesungen zur Einführung in die Psychoanalyse*: »Wir glauben, die Kultur ist unter dem Antrieb der Lebensnot auf Kosten der Triebbefriedigung geschaffen worden« (S. 19).

Es geht also nicht nur um die Naturbeherrschung *an sich*, sondern in der von Freud angesprochenen Lebensnot, der Ananke, geht es ihm um ein festgeschriebenes Naturgesetz, worin er gleichzeitig den »Motor der Entwicklung« (ebd., S. 368) sieht. Freud geht sogar noch weiter und setzt, wie Kirchhoff (2014) es formuliert, »die Realität der Welt mit der Lebensnot gleich; Mangel erscheint als das alles überragende Moment der Vergesellschaftung« (S. 53). Genau diese »Realität als Prinzip«, also Mangel als überhistorisches Moment der Menschheitsgeschichte zu verstehen, kann als ein blinder Fleck der Freud'schen Theorie markiert werden. Der Fokus liegt dann auf einer Verdinglichung im Inneren der Subjekte. Dabei entgehe ihr, so Helmut Dahmer (2013), »die objektive Verdinglichung ihres gesellschaftlichen Zusammenhangs« (S. 102 [Hervorh. i. Orig.]). Die Freud'sche Theorie lehre so »nichts über den Kapitalismus, viel aber darüber, was er aus den Menschen macht« (ebd.). Ähnlich argumentiert auch Adorno. Die Not des Lebens spielt auch in seinem Denken eine große Rolle, wenn es um die gesellschaftlichen Verhältnisse geht. Mangel, so merkt es Kirchhoff (2014) in ihrer Adorno-Rezeption an, »erdrückende Lebensnot ist für ihn [Adorno] eine Frage der Produktionsverhältnisse und damit nicht mehr erste Natur, wie bei Freud, sondern zweite Natur, ein gesellschaftliches Naturverhältnis« (S. 54).

Auch Karl Marx (1867) geht zunächst, ähnlich wie Freud, davon aus, dass der Stoffwechsel zwischen Mensch und Natur eine »ewige Naturbedingung des menschlichen Lebens« (S. 198) und »daher unabhängig von jeder Form dieses Lebens, vielmehr allen seinen Gesellschaftsformen gleich gemeinsam« (ebd.) sei. Diese grundlegende Annahme eines immerwährenden Stoffwechsels zwischen Mensch und Natur ist jedoch der Nebenschauplatz der marxistischen Theorie und leitet zu seinem eigentlichen Thema. So schreiben Karl Marx und Friedrich Engels Zeit ihres Lebens dagegen an, die gesellschaftlichen Verhältnisse und die damit brutal ungerecht eingerichtete Welt zu naturalisieren und diese damit als etwas Naturgegebenes hinzunehmen. Marx entmystifiziert in seinem Hauptwerk *Das Kapital* den Fetischcharakter der Ware als »menschengemachte zweite Natur als *Pseudonatur*« (Bossert, 2022, S. 22 [Hervorh. i. Orig.]). In der kapitalistischen Warenproduktion würde der gesellschaftliche Charakter der Arbeit (und der Ware) verdeckt und *erscheine* somit als naturwüchsig. Jedoch bleibt dieser Fetischcharakter bei Marx nicht auf die Warenproduktion beschränkt, sondern umfasst die gesamten gesellschaftlichen Verhältnisse und somit auch die Natur. Adorno (1969) streicht heraus, dass in der kapitalistisch geformten Gesellschaft der Mangel aufgrund der Entwicklung der Produktivkräfte nicht mehr notwendigerweise existieren müsste. In diesem Zusammenhang ist der Hunger nicht mehr »Folge des Überlebenskampfes in und mit der ersten Natur, sondern Folge – und Motor – der menschlichen Gesellschaft, als vorausgesetzter, *also zweiter Natur*« (Kirchhoff, 2014, S. 54, [Hervorh. S. T.]).

Freud dagegen vermutet einen überhistorischen Konflikt, der sich faktisch als Naturgesetz festgeschrieben habe. Not und materieller Mangel resultieren bei Freud nicht aus konkreten gesellschaftlichen Herrschaftsverhältnissen, sondern erscheinen als naturwüchsig. Einzig durch Triebverzicht könne der Mensch sich von den Naturgewalten und dem Hunger emanzipieren (Freud, 1930). Doch bei Freud bleibt es ein Teufelskreislauf ohne wirklichen Ausweg: Die dialektische Gestalt des Menschen als Prothesengott ist zu fast allem fähig, aber durch den erlebten Triebverzicht wird auch das Unglück immer größer. Das aber ein großer Teil des auferlegten Leids an der gesellschaftlichen Ordnung liegen könnte, scheint für Freud, wenn überhaupt, nur am Rande ein Thema. Damit »enthistorisiert und ontologisiert er die bürgerliche Gesellschaft« (Brunner et al., S. 20). Man kann Freud zweifellos als Verdienst anrechnen, dass er »das Gesellschaftliche der Natur in den Blick gerückt« (Bossert, 2022, S. 21) und damit »die gesellschaftliche Präformation offengelegt hat« (ebd.). Man muss allerdings seine Begrenztheit in der Reflexion über die spezifischen gesellschaftlichen und historischen Bedingungen, die Verhältnisse, die den Menschen umgeben, kritisieren. Freuds kritischer Blick auf das *soziale Leid* der Menschen hat also genau da seine Grenzen, wo die Kritik der Gesellschaft grundsätzlicher werden müsste. So kann unterstellt werden, dass Freud »keinen Begriff von Gesellschaft« (Brunner et al., 2012, S. 20) hatte.

Auch Herbert Marcuse (1965) geht zunächst, wie Freud, in seinem Werk *Triebstruktur und Gesellschaft* davon aus, »daß in allen historischen Formen des Realitätsprinzips in der Kultur eine verdrängende (unterdrückende) Organisation der Triebe zugrunde liegt« (S. 39); er kritisiert Freud jedoch darin, dass er nicht (ausreichend) herausgearbeitet habe, dass die »äußere Welt, der das wachsende Ich sich gegenübersieht, in jedem Stadium eine spezifisch-historische Organisation der Wirklichkeit dar[stellt], die die psychische Struktur durch spezifische gesellschaftsbildende Organe oder Kräfte beeinflusst« (ebd.). Laut Freud ist mit dem Realitätsprinzip zwar die fundamentale Wirklichkeit der Ananke, der Lebensnot, verbunden, jedoch sei die Schlussfolgerung irreführend, entgegnet Marcuse (1965), wenn »sie der brutalen Tatsache der Lebensnot etwas zuschreibt, was in Wirklichkeit die Folge der spezifischen Organisation der Not und der spezifischen Daseinshaltung ist, die durch diese Organisation erzwungen wird« (S. 40).

Mit dem Blick der Kritischen Theorie kann festgehalten werden: Freud konnte zwar mit seiner kritischen Theorie des Subjektes erkennen, dass die Neurosen auch einen gesellschaftlichen Ursprung haben; ebenso, dass der Mensch unter den gegebenen Bedingungen, trotz Fortschritt, nicht glücklicher zu werden scheint. Doch da er keinen (kritischen) Begriff von der bürgerlichen Gesellschaft entwickelt hat, konnte er nur annehmen, dass die Lebensnot überhistorisch in jeder Gesellschaftsform bestehen bleibt. Erst wenn man Freud mit kritischer Gesellschaftstheorie zusammendenkt, lässt sich feststellen, dass materieller Mangel, Hunger und drastische globale Ungleichheiten den gesellschaftlichen (Produktions-)Verhältnissen entspringen und, nicht zuletzt wegen der immensen Produktivkraftentwicklung, längst der Geschichte angehören könnten.

Dass noch immer rund 750 Millionen Menschen auf der Welt an Unterernährung leiden und sogar 2,4 Milliarden Menschen der Weltbevölkerung von immer wiederkehrender Ernährungsunsicherheit betroffen sind, obwohl genug Nahrungsmittel für alle Menschen produziert werden, zeigt das an nur einem Beispiel auf markante Weise. Im Gegensatz zu Freud ist Gesellschaft nicht als etwas Überhistorisches, immer Gleiches zu verstehen, vielmehr muss von den konkreten *gesellschaftlichen Verhältnissen* ausgegangen werden und diese sind *historisch-spezifisch* und durch das bestehende Macht- und Herrschaftssystem zu dechiffrieren. Warum erscheint das Beharren auf diesen Punkt an dieser Stelle und auch für das vorliegende Buch insgesamt wichtig? Geht man, so wie Freud, davon aus, dass Fortschritt und Zivilisation nur durch Triebunterdrückung, also Unlust zu haben sind, stellt sich die Frage, was genau mit Fortschritt und Zivilisation gemeint ist. Dass der Mensch trotz seiner »Gottesähnlichkeit«, wie Freud bereits vor knapp 100 Jahren die immensen technologischen Entwicklungen kommentierte, nicht unbedingt glücklicher wurde und damit gleichzeitig den

Weg dafür bereitete, die Menschheit vollends zu vernichten, scheint angesichts der Klimakrise nicht an Aktualität verloren zu haben. Es ist davon auszugehen, dass auch die Klimakrise Unglück bereitet und ihre Spuren im Subjekt hinterlässt. Ob in Form von individuellen Verzichtsappellen, politischen Ankündigungen umfassender sozialer und industrieller Transformationen sowie einer permanenten existenziellen Bedrohung durch die Folgen des Klimawandels. Doch anstatt die kapitalistisch verfasste Gesellschaft und die damit verbundenen Produktionsverhältnisse in den Blick zu nehmen, lässt sich ein regressiver Sog aus Verleugnung und Ressentiment auf der einen Seite sowie gefährlicher Technikoptimismus auf der anderen Seite beobachten; beide Formen folgen einer Logik der Affirmation des Bestehenden und tragen somit einen destruktiven Charakter in sich, so meine These. Im folgenden Kapitel wird zunächst der Zusammenhang zwischen der gegenwärtigen ökologischen Krise und den kapitalistischen Produktionsverhältnissen dargestellt.

2 Klima des Kapitals

Den Sommer 1816 verbrachte der Dichter Lord Byron zusammen mit der Schriftstellerin Mary Shelley in einem Haus am Genfer See. Es war ein bitterkalter Sommer ohne Sonnenschein, fast unaufhörlich regnete es. In dieser Atmosphäre in den Schweizer Bergen entstanden Shelleys legendärer Roman *Frankenstein* und das berühmte Gedicht »Finsternis« von Lord Byron. Darin bringt der britische Dichter sehr feinsinnig die düstere Stimmung der Zeit zum Ausdruck: »Ich hatte einen Traum, der keiner war. Die Sonne war erloschen, und die Sterne, verdunkelt, schweiften weglos durch den Raum« (Byron, 2017).

Im gleichen Jahr plünderten in der Schweiz »hungrige Massen Bäckereien; in England kam es zu Zusammenstößen zwischen Polizei und Demonstranten, die Banner mit der Aufschrift ›Brot oder Blut‹ trugen« (Kolbert, 2021, S. 184). Auch in anderen Teilen Europas und der Welt kam es in dem *Jahr ohne Sommer* zu breiter Not und sogenannten Hungerrevolten (Hennies, 2015). In einem Reisebericht aus dem Rheinland schreibt der Militärhistoriker Carl von Clausewitz von »verfallenen Gestalten, Menschen kaum ähnlich [...], die auf den Feldern umherschleichen, um aus den nicht geernteten und schon halb verfaulten Kartoffeln sich Nahrung zu suchen« (von Clausewitz 1816, zit. n. Kolbert, 2021, S. 184). Bis heute weiß man nicht, wie viele Menschen damals in Europa verhungerten; Schätzungen gehen von mehreren Millionen aus (ebd.).

Doch wie kam es dazu? Schuld an der Misere war der Ausbruch des Vulkans Tambora im über 12.000 Kilometer entfernten Indonesien (Malm, 2022). Bis zu 100 Millionen Tonnen Gas und Feinstaub soll der Tambora ausgestoßen haben, die noch Jahre in der Erdatmosphäre blieben und über die Stratosphäre um den gesamten Erdball getrieben wurden (Kolbert, 2021). In Mitteleuropa und Nordamerika waren die Durchschnittstemperaturen über fünf Jahre lang um mehrere Grad niedriger als gewöhnlich (Hennies, 2015).

Es ist genau diese Macht von gewaltigen Vulkanausbrüchen, die klimatische Veränderungen auslösen können, die heute als Hoffnungsträger und Projektionsfläche im Kampf gegen die globale Erderwärmung dient – im Gewand einer technologischen Innovation, die gleichzeitig ein immenses Destruktionspotenzial in sich birgt: Geoengineering. Eine Technologie, so die Hypothese in diesem Kapitel, die der Logik der »instrumentellen Vernunft« (Horkheimer, 1947) der kapitalistischen Produktionsverhältnisse folgt. Der Klimawandel, so das Argument, ist die Folge der *grenzenlosen* Ausbeutung von Mensch und Natur, die dem Zweck der Profitmaximierung durch die Warenproduktion untergeordnet ist.

2.1 Triumphales Unheil: Grenzen kapitalistischer Produktivkraftentwicklung

Karl Marx und Friedrich Engels hatten schon in den 1840er Jahren erkannt, dass im Rahmen der kapitalistisch getriebenen Entwicklung der Produktivkräfte irgendwann eine Phase erreicht wird, »auf welcher Produktionskräfte und Verkehrsmittel hervorgerufen werden, welche unter den bestehenden Verhältnissen nur Unheil anrichten, welche keine Produktionskräfte mehr sind, sondern Destruktionskräfte« (Marx & Engels, 1845/46, S. 69). Gemeint ist hier an erster Stelle die Verwüstung des Körpers der Arbeiter und Arbeiterinnen während der täglichen Verrichtung schwerster Arbeit zu fast unerträglichen Bedingungen. Schaut man sich aber das Gesamtwerk von Marx an, so deutet er an verschiedenen Stellen immer wieder auch auf das destruktive Potenzial für Mensch *und* Natur hin, welches der kapitalistischen Entwicklung immanent sei (Davis, 2006; Burkett & Foster, 2010; Federici, 2022; Bruschi & Zeiler, 2022; Malm, 2021). Auch Freud, der sich zwar nicht explizit zu Ökologiefragen geäußert hat, war durchaus ambivalent, wenn es um den technischen Fortschritt in der Kulturentwicklung ging. Zwar war er in seinem aufklärerischen Fortschrittsoptimismus davon überzeugt, dass in der Naturbeherrschung auch die Möglichkeit liegt, die Kultur in ihrer Gesamtheit zu versöhnen, jedoch warnt Freud (1930) auch eindringlich davor, dass der Mensch »es in der Beherrschung der Naturkräfte« (S. 506) so weit gebracht habe, dass es mithilfe des technischen Fortschritts und der im Menschen schlummernden Destruktivkräfte ein leichtes Unterfangen wäre, »einander bis auf den letzten Mann auszurotten« (ebd.).

Max Horkheimer und Theodor W. Adorno (1944) verfassen noch während des Schreckens des deutschen Nationalsozialismus und der industrialisierten Massenvernichtung von Millionen Jüdinnen und Juden in Europa eines der wichtigsten Werke der Kritischen Theorie, die *Dialektik der Aufklärung*. Eine der zentralen Fragen, der die beiden Theoretiker im amerikanischen Exil nachgehen, lautete, »warum die Menschheit, anstatt in einen wahrhaft menschlichen Zustand einzutreten, in eine neue Art von Barbarei versinkt« (ebd. S. 16). Dabei ging es Horkheimer und Adorno um die gesellschaftlichen Verhältnisse und Voraussetzungen dafür, wie es in einer vermeintlich aufgeklärten Welt zum Aufstieg des Faschismus in Deutschland kommen konnte. Die beiden Theoretiker verarbeiteten dabei die schmerzliche Erfahrung, dass die Menschheit trotz ihrer Bemühungen, sich von den übermächtigen Naturkräften zu emanzipieren und zu zivilisieren, keinen vernünftigen und menschlichen Zustand in der Welt erreicht habe. Obwohl sie mit der Durchsetzung der bürgerlichen Aufklärung auch das Einsetzen einer vernunftgeleiteten Ordnung feststellen, bleibe im Prozess der Befreiung von den Naturgewalten das bestehende Herrschaftsverhältnis unhinterfragt. Durch die Verwirklichung der Befreiung, die hauptsächlich darin bestand, die Natur zu beherrschen und zu besitzen, habe sich die Menschheit einer allein technisch-instrumentalen Vernunft ausgeliefert. Damit kehre sich die vermeintliche Emanzipation unreflektiert in ein neues Herrschaftsverhältnis um. Vernunft kann so in Unvernunft, Fortschritt in Rückschritt umschlagen. Die »vollends aufgeklärte Welt«, so Horkheimer und Adorno (1969 [1944], S. 19), schlage in sich selbst zurück »im Zeichen triumphalen Unheils«. So sehen die beiden Theoretiker in der kapitalistischen Entwicklung der Produktivkräfte und der Entfaltung der kapitalistischen Maschinerie vor allem ein historisches Dilemma. Denn in der gesellschaftlichen »Anpassung an das Tote im Dienste der Selbsterhaltung [...] werden die menschlichen Äußerungen sowohl beherrschbar als auch zwangsmäßig. Von der Angleichung an die Natur bleibt allein die Verhärtung gegen diese übrig« (ebd., S. 190). Die verdinglichte Natur räche sich auf gewisse Weise an ihrem Subjekt, indem sie dem Menschen zwar die Befreiung von den Kräften der Natur verspreche, ihn aber gleichzeitig in die Logik des instrumentellen Handelns zwinge.

Dennoch wäre es falsch, Horkheimer und Adorno oder der Kritischen Theorie im Allgemeinen eine generelle Technikfeindlichkeit zu unterstellen. So arbeitet Christian Voller (2022) in seinem Buch *In der Dämme-*

rung über die Entstehungsgeschichte der Kritischen Theorie heraus, dass die (frühe) Kritische Theorie, samt ihren Vertreterinnen und Vertretern, bei aller Kritik an Marx und dem Marxismus, dem historischen Materialismus trotzdem verpflichtet blieben. Nach wie vor stehe die »Dialektik von Produktivkräften und Produktionsverhältnissen im Zentrum ihrer Erkenntnisanstrengungen« (ebd., S. 34). Belegen lässt sich das eindrücklich an Passagen wie der folgenden in der *Dialektik der Aufklärung* von Horkheimer und Adorno (1969 [1944]): »Nicht die materiellen Voraussetzungen der Erfüllung, die losgelassene Technik als solche, stellen die Erfüllung in Frage [...]. Schuld ist ein gesellschaftlicher Verblendungszusammenhang« (S. 48). Es gelte also, der objektiven Irrationalität etwas entgegenzusetzen, was ein gleichzeitiges Beharren auf eine »vernünftige Einrichtung der Gesamtgesellschaft als Menschheit« (Adorno, 1977c, S. 30) in sich trage. Um der Barbarei, dem Triumph des Unheils Einhalt zu gebieten, so der Schüler Adornos Helmut Dahmer (2013), müsse jedoch die »Bewußtlosigkeit der Beteiligten« (S. 105) aufgehoben werden. Psychoanalyse und historischer Materialismus seien dabei »Kritik von Pseudonatur (*in* und *über* den Individuen) und Anweisung auf verändernde Praxis« (ebd. [Hervorh. i. Orig.]). Denn beide tragen »den Impuls, einen *bewußtlosen Zustand der Menschheit* zu überwinden, in dem die Subjekte von ihren Produktionen, Waren wie Neurosen, beherrscht werden« (ebd. [Hervorh. i. Orig.]).

Ob mit der Warnung von Marx und Engels, dass sich die kapitalistischen Produktionskräfte irgendwann in Destruktionskräfte wandeln könnten, der *Dialektik der Aufklärung* von Horkheimer und Adorno, die in einer vollends verdinglichten Natur auch die Möglichkeit einer neuen Barbarei sahen, oder der von Freud befürchteten zerstörerischen Kräfte, die im Seelenleben des Subjektes ihr Unwesen treiben und die mit der fortwährenden Kulturentwicklung das Potenzial besäßen, die Menschheit auszulöschen: Die Angst vor der menschlichen Grausamkeit und der Destruktionskraft, die mit der Naturbeherrschung einhergeht, ist allen gemeinsam. Aus heutiger Sicht und im Zusammenhang mit der existenziellen ökologischen Krise durch die Folgen des Klimawandels scheint diese Befürchtung erschreckend realistisch. Dabei stellt sich die Frage, unter welchen Bedingungen diese Entwicklung stattfindet. Und wer oder was dafür verantwortlich ist: Lässt sich die Behauptung, die Klimakrise sei anthropogen, also menschengemacht, halten?

2.2 Der Mythos des Anthropozäns und der unheilbare Riss im Stoffwechsel

Heute lässt sich im Zusammenhang mit dem Klimawandel zunehmend die Verwendung des Begriffs »Anthropozän« feststellen. Gemeint ist damit das geologische Zeitalter, in dem die Menschheit den dominanten geophysikalischen Einfluss auf das Erdsystem darstellt (Purdy, 2020; George, 2022; Manemann, 2014). Der Klimawandel, so die einhellige Meinung, sei somit anthropogen, menschengemacht.

Der Humangeograf Jason W. Moore warnt dagegen: »Das Anthropozän ist zum wichtigsten – und auch zum gefährlichsten – Umweltkonzept unserer Zeit geworden« (Moore, 2016, S. 599). Gefährlich ist der Begriff nach Moore nicht etwa deswegen, weil er die ökologische Krise der Erde nicht richtig erfasst sondern weil er »zwar die laufenden *Zustandsveränderungen* der Naturen beschreibt, gleichzeitig aber die dahinterliegende Geschichte mystifiziert« (ebd.). Auch Jacob Blumenfeld (2023) kritisiert das Konzept des Anthropozäns, wie es im Kontext der Klimakrise verwendet wird: »an antagonistic theory of the development of human social relations refutes any generalization of universal species attributes in regards to the environment« (S. 163). Der Historiker Andreas Malm (2016) schlägt in seiner Studie über den Aufstieg fossiler Brennstoffe *Fossil Capitalism – The Rise of Steam Power and the Roots of Global Warming* den Begriff des *Kapitalozäns* vor. Das Anthropozän nennt er dagegen »an indefensible abstraction at the point of departure« (ebd., S. 537) und er argumentiert: »a more scientifically accurate designation, then, would be ›the Capitalocene‹ This is the geology not of *mankind*, but of *capital accumulation* (ebd. [Hervorh. S. T.]).

Ich folge der Argumentation von Moore, Blumenfeld und Malm, dass der anthropogene Klimawandel eben nicht einfach »menschengemacht«, also anthropogen ist, sondern es sich immer um gesellschaftliche Naturverhältnisse handelt. In diesen stehen sich »Natur und Gesellschaft nicht äußerlich gegenüber, sondern in einem konstitutiven Verhältnis zueinander« (Berg et al., 2019). Die gegenwärtigen ökologischen Fragen und damit auch die des Klimawandels erfordern somit eine historisch-materialistisch begründete Analyse und sollten, wie es der Sozialwissenschaftler Thomas Gehrig (2011) formuliert, »in kapitalismuskritischer Perspektive von der Kritik der politischen Ökonomie ausgehend« (S. 642) diskutiert werden. Ähnlich argumentiert auch Jacob Blumenfeld (2023) in seinem Text »Climate barbarism: Adapting to a wrong world«:

> »a critical theory of climate change should move beyond the moral condemnation of ›greedy‹ individuals and corporations for ruining the planet, and instead approach the question from the perspective of *social form*, that is, the specific ways in which the *form-determinations* of capital, value, money, and the commodity practically invert our relation to ourselves and nonhuman nature« (Blumenfeld, 2023, S. 165 [Hervorh. i. Orig.]).

Für den Aufstieg des Kapitalismus, so schreibt Marx in dem ersten Band des *Kapitals*, war der Prozess der »sogenannten ursprünglichen Akkumulation« (Marx, 1867, S. 789) unabdingbar. Diesen beschreibt er als eine gewaltsame private Aneignung ganzer Landstriche und den dadurch ausgelösten Anwuchs der Städte. In diesem Prozess der Proletarisierung werden die vormals auf dem Land lebenden Bauern, losgerissen vom eigenen Land, zu freien Arbeiten »in dere[n] Doppelsinn« (ebd., S. 742); nämlich frei, ihre Arbeitskraft zu verkaufen und frei von Eigentum an Produktionsmitteln. Um ihren Lebensunterhalt bestreiten zu können, sind die ehemaligen Bauern nun fortan gezwungen, ihre Arbeitskraft in den Städten auf dem Arbeitsmarkt zu verkaufen. Malm (2016) hat herausgestellt, dass der Aufschwung des Kapitalismus und der industriellen Revolution außerdem unweigerlich mit der Ablösung Wasserkraft und dem Aufstieg fossiler Energieträger verwoben war. Im Gegensatz zu natürlich verlaufenden Flüssen wurde mit dem Abbau von Kohle die Möglichkeit erschaffen, die Energiequelle von einem an den anderen Ort transportieren und dort nutzen zu können. Simon Schaupp (2023) argumentiert, dass es mit der Durchsetzung von Steinkohle als primäre Energiequelle zu »drastische[n] Produktivitätsgewinne[n]« (S. 107) kam damit auch zu einer erheblichen Beschleunigung des »gesellschaftlichen Stoffwechsels mit der Natur« (ebd.) insgesamt. So stellt er fest, dass fossile Brennstoffe »für die kapitalistische Produktion wichtiger als jede andere natürliche Ressource« (ebd.) sind und die »Grundlage für das gesamte Spektrum der Warenproduktion [bilden], die sie physisch in Gang setzen« (ebd.). Es wurden immense Summen in die Entwicklung und Verbesserung der Dampfmaschine sowie die Extraktion fossiler Rohstoffe gesteckt, die so mehr und mehr das Wasserrad ersetzten (Malm, 2016). Mit der Hinwendung zu fossilen Energieträgern veränderte sich auch das Verhältnis zwischen Arbeit und Kapital: Durch die Dampfmaschine war es nun möglich, Fabriken in die städtischen Gebiete zu verlegen. Vorher war die Arbeitskraft in den ländlichen Gegenden an den Flüssen knapp, und somit hatten die Arbeiter und Arbeiterinnen einen Vorteil gegenüber dem Kapital. Sie hatten aufgrund der Knappheit der Ware Arbeitskraft auf dem dünn besiedelten Land mehr Verhandlungsmacht und konnten dadurch oft bessere Löhne und Arbeitsbedingungen durchsetzen. Doch mithilfe der fossilen Energieträger und der Dampfmaschine drehte sich die Situation zunächst. So argumentiert der Philosoph und Autor Kohei Saito (2023) in seiner öko-marxistischen Streitschrift *Systemsturz*, dass durch die Errichtung zahlreicher Fabriken in den Städten das »Kapital wieder im Vorteil« (ebd., S. 179) war. Denn dort wartete eine »große Zahl arbeitshungriger Menschen« (ebd.), die vom Land vertriebenen Bauern, jetzt als proletarisierte Städter, die nun für die Sicherung ihrer Existenz gezwungen waren, ihre Arbeitskraft auf dem Markt zu verkaufen. Simon Schaupp (2023) hat herausgearbeitet, dass die »Transformation des Stoffwechsels mit der Natur« (S. 107) auf die Arbeitsverhältnisse zu einem durchaus »paradoxen Effekt« (ebd.) führte. Durch den stetig wachsenden Einsatz von Maschinen wurden die Arbeiterinnen und Arbeiter vor allem in der Textilindustrie entweder »ersetzt und in noch größerem Umfang zu einem Anhängsel derselben degradiert« (ebd.). Andererseits brachte die grundlegende »Abhängigkeit eines Großteils der Ökonomie von der Kohle auch einen neuen Machthebel in die Hände von Arbeiterinnen und Arbeitern. Zum ersten Mal in der Geschichte war es Kohlebergleuten möglich, durch Streiks oder andere Störaktionen ganze Branchen lahmzulegen« (ebd.). Zwar entstand durch die sich rasant ausbreitende Eisenbahn auch ein überregionaler Arbeitsmarkt, der auch die Arbeitgeber zu der Möglichkeit verhalf, sich an einem größeren Arbeitskräftereservoir zu bedienen und somit die Lohnabhängigen unter Konkurrenz zu setzen. Gleichzeitig konnten somit auch die ersten, nicht nur lokal verankerten Gewerkschaften und Arbeiterinnenorganisationen entstehen. So stellt Schaupp fest:

> »Die Kohle bildet insofern das Fundament der modernen industriellen Beziehungen. Angesichts der Zentralität der nichtmenschlichen Natur scheint es dabei angemessen, von *Stoffwechselpolitik,* anstatt von industriellen Beziehungen zu sprechen. Der Begriff soll nicht nur unterstreichen, dass Arbeit wesentlich Stoffwechsel mit der Natur ist, sondern auch, dass Natur für die Institutionalisierung ihrer Regulation eine ähnliche wichtige Rolle spielt, wie Staat, Kapital und Arbeit« (Schaupp, 2023, S. 108).

Die fortschreitende Industrialisierung der Landwirtschaft im 19. Jahrhundert hatte bereits damals erhebliche Auswirkungen auf die Natur. Sowohl in Europa als auch in Nordamerika kam es zu abnehmenden Ernteerträgen, da die Böden einen immer stärkeren Nährstoffmangel aufwiesen (Foster, 2018). In den 1820er und 1830er Jahren trieb die Sorge vor einer Erschöpfung der Böden sowohl in Großbritannien wie auf dem europäischen Kontinent die Nachfrage nach Düngemitteln deutlich in die Höhe. Im Jahr 1835 legte das erste Frachtschiff mit Guano aus Peru im Hafen von Liverpool an, »von 1841 bis 1847 stieg die importierte Menge von 1.700 auf 220.000 Tonnen« (ebd.). Durch die Popularisierung der Theorie des Bevölkerungsgesetzes, die der britische Ökonom Thomas Robert Malthus (1798) in seiner provokanten Schrift *The Principle of Population* aufgestellt hatte, wuchs gleichzeitig die Angst vor einer Überbevölkerung. Marx und Engels reagierten mit Polemik auf Malthus' Theorie und hielten ihr entgegen, der Mangel an Nahrungsmitteln sei der Irrationalität der kapitalistischen Ökonomie geschuldet, die nicht nur eine Klassengesellschaft produziere, sondern besonders in Krisenzeiten zur Unterversorgung proletarisierter Teile der Bevölkerung zu führen drohe (Engels, 1844). Dieses Problem sei nicht technisch, im Sinne einer staatlichen Bevölkerungspolitik, zu lösen, sondern nur politisch; von einer absoluten Überbevölkerung könne keine Rede sein (ebd.). So bezeichnete Marx (1867) in *Das Kapital* das »Populationsgesetz« (S. 644) von Malthus als »schülerhaft oberflächliches und pfäffisch verdeklamiertes Plagiat« (ebd.), welches dann »mitten in einer großen sozialen Krisis mit Pauken […] begrüßt von der englischen Oligarchie als der große Austilger aller Gelüste nach menschlicher Fortentwicklung« (ebd.) wird.

Marx (1867) trifft im ersten Band von *Das Kapital* zunächst eine Grundbestimmung: Der »Arbeitsprozess ist zunächst ein Prozess zwischen dem Menschen und der Natur« (S. 141). Marx entwickelt also die »Triade Mensch-Arbeit-Natur« (Galander, 2022, S. 33), und »Natur ist nicht an sich Gegenstand […], sondern Gegenstand ist die Beziehung zwischen Mensch und Natur vermittelt über die Arbeit« (ebd.). Der Arbeitsprozess stellt folglich die »allgemeine Bedingung des Stoffwechsels zwischen Mensch und Natur« (Marx, 1867, S. 148) dar und bleibt auch die »ewige Naturbedingung des menschlichen Lebens und daher unabhängig von jeder Form dieses Lebens, vielmehr allen seinen Gesellschaftsformen gleich gemeinsam« (ebd.). Schmied-Kowarzik (2018) schreibt in *Das dialektische Verhältnis zwischen Menschen und Natur*, wohl »kaum ein anderer

Denker jener Zeit« (S. 14) – abgesehen von der Naturphilosophie Schellings und dem anthropologischen Materialismus Feuerbachs – habe »sich wie er [Marx] mit der Eingebundenheit des Menschen in die Natur und seiner Möglichkeit, in die Natur verändernd einzuwirken, so grundlegend auseinandergesetzt sowie die Gefährdungen antizipiert [...], die aus diesem Doppelverhältnis hervorgehen können« (ebd.). So hält auch John Bellamy Foster (2018) fest, Marx sei stark »beeinflusst von den Überlegungen des deutschen Chemikers Justus von Liebig« gewesen; demnach entwickelte er bereits während der Arbeit an *Das Kapital* »eine systematische Kritik der kapitalistischen *Ausbeutung* der Erde, die vor allem auf zwei Punkte abhob: den Diebstahl ihrer Nährstoffe und die Unfähigkeit der Menschen, deren Regeneration zu gewährleisten« (ebd.). Marx war Foster zufolge »keineswegs blind für Umweltfragen« (ebd.). Auch Saito (2023) sieht, dass »eine unkritische Befürwortung der weiteren Entwicklung der Produktivkräfte im *Kapital* nirgends zu finden ist« (S. 122). Im Gegenteil macht Saito »eine unumwundene Kritik an der Weiterentwicklung von Produktivkräften und Technologien zum Zwecke uneingeschränkten Gewinnstrebens« (ebd.) bei Marx aus. Dabei ging Marx weit über Justus von Liebigs Kritik am Raubbau an der Erde hinaus und setzte sich zwischen der Veröffentlichung von *Das Kapital* im Jahr 1867 und seinem Tod 1883 mit Themen wie der »exzessiven Abholzung der Wälder, der Übernutzung fossiler Brennstoffe oder dem Artensterben als Widersprüche[n] des Kapitalismus« (ebd.) auseinander.

Auch Engels warnt in seiner 1886 verfassten Schrift *Dialektik der Natur* vor den Folgen der menschlichen Naturbeherrschung. Zwar konnte er damals die Erderwärmung nicht antizipieren, weist jedoch schon zu seiner Zeit auf die teils verheerenden Auswirkungen der kapitalistischen Produktionsweise auf die Umwelt hin (ebd.). Überschwemmungen, Dürren und verödete Landschaften im großen Stil betrachtete Engels als eine Folge des Raubbaus an der Natur (ebd.). Zentral bleibt im Hauptwerk *Das Kapital* für Marx (1867) zwar der unaufhebbare Widerspruch zwischen Arbeit und Kapital, die antagonistische Klassengesellschaft, an wichtigen Stellen arbeitet er jedoch heraus, dass die kapitalistische Produktionsweise nicht nur sozial, sondern auch ökologisch zerstörerisch wirke. Der Stoffwechsel zwischen Mensch und Natur wird im kapitalistischen Verwertungsprozess zunehmend gestört (Galander, 2022). So spricht Marx (1867) davon, dass die »kapitalistische Produktion daher nur die Technik und Kombination des gesellschaftlichen Produktionsprozesses [entwickelt], indem sie zugleich die Springquellen alles [sic!] Reichtums untergräbt: die Erde und den Arbeiter« (S. 530). Insbesondere im Zusammenwirken zwischen der Agroindustrie und der großen Industrie erkannte er langfristig eine Bedrohung für das ökologische Gleichgewicht der Erde. So weist Marx (1894) im dritten Band von *Das Kapital* auf die Gefahren der kapitalistischen Produktivkraftentwicklung hin: »Wenn sie [Industrie u. Agroindustrie] sich ursprünglich dadurch scheiden, daß die erste mehr die Arbeitskraft und daher die Naturkraft des Menschen, die letztere mehr direkt die Naturkraft des Bodens verwüstet und ruiniert« (S. 821), so würden sie sich in einem späteren Entwicklungsstadium jedoch die Hand reichen, »indem das industrielle System auf dem Land auch die Arbeiter entkräftet und Industrie und Handel ihrerseits der Agrikultur die Mittel zur Erschöpfung des Bodens verschaffen« (ebd.). Diese Entwicklung schaffe somit Bedingungen, »die einen unheilbaren Riss hervorrufen in dem Zusammenhang des gesellschaftlichen und durch die Naturgesetze des Lebens vorgeschriebenen Stoffwechsels« (ebd.). So lässt sich durchaus die Interpretation vertreten, dass sich Marx ungeachtet seiner Annahme eines befreienden Potenzials, das in der kapitalistischen Produktivkraftentwicklung schlummere, gleichzeitig bewusst darüber war, dass ein gesunder Stoffwechsel zwischen Mensch und Natur auf längere Sicht gefährdet ist.

Bleibt die Frage, was sich von den unterschiedlichen Marx-Lesarten mit Blick auf das Mensch-Natur-Verhältnis für die heutige Analyse um den Klimawandel fruchtbar heranziehen lässt. Theoretiker und Ökomarxisten wie John Bellamy Foster und Paul Burkett (2010) oder auch der hierzulande etwas bekanntere Elmar Altvater (1986) haben immer wieder versucht, marxistische Gesellschaftstheorie in Übereinstimmung mit den *bürgerlichen* naturwissenschaftlichen Theorien und Modellen zu bringen, oftmals mit der Intention, die Werttheorie in die Gesetze der Thermodynamik und der Entropie zu übersetzen. Doch diese Versuche blieben oft unzureichend und haben nicht selten zu einer unglücklichen Ehe zweier wissenschaftlicher Disziplinen, den Naturwissenschaften und materialistischer Gesellschaftstheorie, geführt. Denn wenngleich Marx tatsächlich großes Interesse an den Naturwissenschaften hatte und die damals vorliegende Literatur über Thermodynamik, Entropie und Dissipation sehr genau studierte, war das »Identifizieren der *ökologischen Krisen* nicht der Anspruch und die Perspektive des Marxschen Ansatzes« (Gehrig, 2011, S. 628 [Hervorh. i. Orig.]); in erster Linie ging es ihm um »die Kritik der politischen Ökonomie, jener *Anatomie* der bürgerlichen Gesellschaft« (ebd.

[Hervorh. i. Orig.]). Marx vertrat immer den Standpunkt, »dass Natur ein gesellschaftlicher Begriff ist und von daher eine Krise der äußeren Natur immer nur eine Krise jener Gesellschaft sein kann, die sich gegenüber jener Natur ins Verhältnis setzt« (ebd.).

Die historisch spezifisch destruktive Entwicklung, was die globale Erderwärmung betrifft, lässt sich in zwei korrelierenden Momenten, die sich im Kapitalismus in seiner heutigen Form gegenseitig bedingen, wie folgt zusammenfassen: In der kapitalistischen Produktivkraftentwicklung liegt zwar nicht die Ursache für die Nutzung fossiler Energieträger, dennoch ist die grenzenlose Verwertung der Kohlenstoffdioxid freisetzenden Stoffe *conditio sine qua non* des Kapitalismus sowohl des 20. als auch des angebrochenen 21. Jahrhunderts (Malm, 2016). Hinzu kommt der Akkumulationszwang, der unabdingbare Voraussetzung der kapitalistischen Produktionsweise ist. Im Zuge der Diskussion, die die erste Studie des Club of Rome (1972) mit dem Titel *The limits of growth* ausgelöst hatte, schreibt der rätekommunistische Theoretiker Paul Mattick (1976) in seinem Essay *Kapitalismus und Ökologie*: »Die progressive Umweltzerstörung ist nicht so sehr das Resultat der wachsenden Produktivkräfte, vielmehr das der Entwicklung dieser Produktivkräfte unter kapitalistischen Bedingungen« (ebd.). Denn, so Mattick, »unter den Bedingungen der Kapitalkonkurrenz […] vollzieht sich die Entwicklung der Produktivkräfte blindlings« (ebd.), und ebendieser Prozess »bedingt eine ungeheure Vergeudung menschlicher Arbeitskräfte und natürlicher Ressourcen, die in einem anderen Gesellschaftssystem nicht (oder nicht in diesem Ausmaß) zu finden wäre« (ebd.). Profitstreben und Akkumulationszwang liegen im Wesen der kapitalistischen Ökonomie. Der Wachstumsfetisch ergibt sich dabei nicht, wie oft vulgärmarxistisch argumentiert wird, aus der Profitgier einzelner Unternehmer, sondern ist dem Kapitalismus als einem System inhärent.

So führt Marx (1867) aus:

> »Außerdem macht die Entwicklung der kapitalistischen Produktion eine fortwährende Steigerung des in einem industriellen Unternehmen angelegten Kapitals zur Notwendigkeit, und die Konkurrenz herrscht jedem individuellen Kapitalisten die immanenten Gesetze der kapitalistischen Produktionsweise als äußere Zwangsgesetze auf. Sie zwingt ihn, sein Kapital fortwährend auszudehnen, um es zu erhalten, und ausdehnen kann er es nur vermittelst progressiver Akkumulation« (S. 618).

Galander (2022) schreibt in Bezug auf die Kritik der politischen Ökonomie, dass der »kapitaldominierte Stoffwechsel zwischen Mensch und Natur [...] kein gesellschaftlich gesteuerter Prozess, sondern ein Stoffwechsel zwischen den kapitalistisch angeeigneten Elementen des Arbeitsprozesses ist, die der Regie der einzelnen Kapitalisten und den Gesetzen der Konkurrenz unterworfen sind« (S. 33). Ähnlich bemerkt Stephan Lessenich (2019) mit Blick auf die Klimakrise: »Im Verbund von Kapitallogik und Konkurrenzdynamik entsteht somit eine zwanghafte, geradezu tragisch zu nennende einzelbetriebliche Rationalität, der als Telos die ewige Ausdehnung eingeschrieben ist« (S. 16). Die Philosophin Nancy Fraser (2023) hat vor dem Hintergrund der gegenwärtigen ökologischen Katastrophe das Konzept des *kannibalischen Kapitalismus* (S. 19) entwickelt. Fraser (ebd.) schreibt in *Der Allesfresser*: Die »kapitalistische Wirtschaft ist systematisch darauf ausgerichtet, von einer Natur zu profitieren, die sich nicht wirklich unbegrenzt erneuern kann, und steht deshalb immer kurz davor, ihre eigenen ökologischen Bedingungen der Möglichkeit zu destabilisieren« (S. 142). In seinem Text »Der entropische Marx« weist Thomas Gehrig (2011) allerdings darauf hin, dass eine steigende Produktivität in der kapitalistisch verfassten Ökonomie »im Sinne einer größeren Effizienz oder einer steigenden Mehrwertproduktion« (S. 630) zunächst *nicht zwangsweise* mit einem höheren Ressourcenverbrauch einhergehen muss. Eine solche Annahme unterschlage »die ›ökologischen‹ Potenzen des Kapitalismus« (ebd.). Im Hinblick auf die aktuelle Entwicklung lasse sich dennoch festhalten, dass »›in the long run‹ der kapitalistische Akkumulationsprozess tendenziell auf einen erweiterten Materialverbrauch hinausläuft. Spätestens dann, wenn alle anderen Quellen zur Steigerung der Produktion von Mehrwert ausgeschöpft, keine Effektivitätssteigerungen mehr möglich sind« (ebd.). Das heißt, dass selbst bei Berücksichtigung der innovativen Möglichkeiten kapitalistischer Technikentwicklung und einem ernsthaften Willen des politischen Personals, weniger klimaschädliche Stoffe zu verbrauchen, sich im Hintergrund der konkurrenzgetriebene Akkumulationszwang vollzieht. Es ist, so wurde versucht aufzuzeigen, die irrationale Rationalität der kapitalistischen Produktionsweise, welche die Klimakrise hervorgebracht hat und weiter vorantreibt; und es sind daher genau diese gesellschaftlichen Verhältnisse, innerhalb derer keine Lösungen für die existenzielle Klimakrise zu erwarten sind.

2.3 Scheinlösungen des grünen Kapitalismus

Während 2023 so viel klimaschädliches Kohlenstoffdioxid in die Erdatmosphäre gelangt ist wie nie zuvor in der Menschheitsgeschichte, befindet sich die Welt auf einer permanenten Suche nach dem größten Klimasünder (Internationale Energieagentur, 2023). Zwar geraten dabei auch große, energieintensive Unternehmen zunehmend ins Visier, doch im Fokus steht der individuelle Konsum der Verbraucher (Huber, 2022). Wesentlich sei hier der individuelle CO_2-Fußabdruck und die Idee der rationalen Entscheidungen, schreibt Mat Huber (2022), Geograf an der Syracuse University: »Individuals make choices – to have kids, buy a car, eat meat – and all these choices can be added up to equal the total emissions load in the atmosphere« (S. 11). Dieser Logik folgend könne jeder Partikel Kohlenstoffdioxid in der Atmosphäre »be traced to an individual agent« (ebd.). Hat man die Ursache ermittelt, scheint die Lösung auch nicht mehr weit: Es braucht nicht weniger als die Revolution des individuellen Verhaltens (ebd.). Es ist daher kein Wunder, dass man auf zahlreichen Internetseiten den eigenen CO_2-Fußabdruck messen und zugleich ermitteln kann, wo und wie der individuelle Verbrauch reduziert werden könnte. In Deutschland steht dafür repräsentativ der WWF-Klimarechner (WWF, 2023) zur Verfügung. Mittlerweile gibt es auch Unmengen an sogenannten CO_2-Apps. So wurde beispielsweise 2022 auf der großen Computerspielmesse *Gamescom* eine App mit dem Namen *Klima Buddy* vorgestellt. Konsumenten können mittlerweile fast alle Produkte auch *klimaneutral* erwerben, von der treibhausgasfreien Bratwurst in Oberbayern über Turnschuhe und Klopapier bis zum Lippenstift (Augustin, 2022). Dabei ist es eine gewisse Ironie der Geschichte, dass die Ideologie des *carbon footprints* ausgerechnet vom Mineralölkonzern BP stammt, der sie 2004 mit riesigen weltweiten Kampagnen aus der Taufe hob. Von London bis New York wurden damals riesige Werbetafeln geschaltet, Plakate hingen an den Hochhäusern von Manhattan, die Zeitungen waren voll mit Anzeigen (ebd.). Doch darin liegt nicht das Problem, schreibt Huber (2022) in seinem Buch *Climate Change as Class War.* Vielmehr kritisiert er die theoretischen Annahmen hinter der *Carbon-footprint*-Ideologie, wie er es nennt. Sie trivialisiert eines der größten gegenwärtigen Probleme der Menschheit zu einer Frage von individuellen Konsumentscheidungen (ebd.). Längst haben sich auch viele Klimaaktivistinnen diese Idee zu eigen gemacht und so kommt es zu moralischen Anschuldigungen und der Vorstellung, man könne auch den durchschnittlichen ökologischen Fußabdruck zwischen »richer and poorer citizens in a range of countries« (ebd.) vergleichen; die Klimafrage wird zu einer Frage des individuellen *lifestyle*. Diese Dynamik geht so weit, dass selbst die Zeugung von Kindern von Aktivistinnen kritisiert und zur Klimafrage stilisiert wird. Dazu passt das Ergebnis einer Studie zur Steigerung der eigenen Handlungen gegen die Klimakrise, die das Magazin *Environment and Research Letters* 2017 veröffentlichte: »have fewer children« (ebd., S. 10). Denn in jedem Baby steckt ein potenzieller Klimakiller, so die Logik der Individualisierung der *Carbon-footprint*-Schuld.

Die Autorin Ulrike Herrmann hat sich bisher nicht als radikale Kritikerin der kapitalistischen Produktionsweise hervorgetan. Doch in ihrer Beschäftigung mit dem Klimawandel schreibt Herrmann (2022) in ihrem Bestseller *Das Ende des Kapitalismus* nun: »Der Kapitalismus ist faszinierend, hat aber keine Zukunft« (S. 15). Zwar sei der »Kapitalismus außerordentlich segensreich« (ebd., S. 11) und habe Demokratie, Gleichberechtigung und »kontinuierlichen Wohlstand« (ebd.) in einem Maße hervorgebracht wie keine Gesellschaftsordnung je zuvor; und hier bleibt Herrmann auf eine undialektische Weise blind für die antagonistischen (Klassen-)Kämpfe, aber auch feministische oder antirassistische Kämpfe, die viele Verbesserungen im Lebensalltag für große Teile der Lohnabhängigen überhaupt erst möglich gemacht haben. Ebenfalls scheint sie in ihrer Analyse keinen Platz für die zyklisch wiederkehrenden Krisen des Kapitalismus zu haben, die immer wieder zu Massenelend, Flucht und Kriegen führen und somit die sozialen Errungenschaften immer wieder infrage stellten. Dennoch will auch Herrmann das Ende des Kapitalismus eingeläutet sehen. Die Notwendigkeit dafür sieht sie nicht in der sozialen Misere, die die bürgerliche Gesellschaft noch immer hervorbringt, sondern in der aktuellen Klimakrise. Denn der Kapitalismus erzeuge nicht nur Wachstum, »sondern [er] muss auch wachsen, um stabil zu sein« (ebd.). So kommt Herrmann zu dem Schluss: »Ohne ständige Expansion bricht der Kapitalismus zusammen. In einer endlichen Welt kann man aber nicht unendlich wachsen« (ebd.). Die Behauptung von Regierungen, »dass sie Wirtschaft und Klimaschutz irgendwie versöhnen könnten« (ebd.), kritisiert sie als Illusion. Große Hoffnungen in einen *Green New Deal*, wie er gerade von der EU und den USA in Stellung gebracht wird, seien daher unangebracht, denn so viel erneuerbare Energie, wie die kapitalistische Produktionsweise für ihre fortgesetzte Akkumulation und Expansion benötigt, könne in absehbarer Zeit gar nicht produziert werden. Worum es bei der Klimakrise aber gerade geht, ist der Faktor Zeit. Gehandelt werden müsse *jetzt*, und darin ist sich Herrmann einig mit den meisten Klimaaktivistinnen weltweit: *the time is running out*. Sie will den Kapitalismus jedoch nicht wirklich abschaffen, sondern ihr Vorbild ist die britische Kriegswirtschaft ab 1939 (Herrmann, 2022). Der Staat soll die ökologische Wende orchestrieren und mit drastischen Maßnahmen in die Wirtschaft eingreifen, schalten und walten, so ihre Vorstellung. Man könnte hier unterstellen, dass im Angesicht der Krise und der damit verbundenen Ohnmachtserfahrung ein unbewusster Wunsch nach dem starken, autoritären Staat als Retter aus der Misere aufkommt. Auch damit stünde Herrmann in der Klimabewegung nicht alleine da; die Hoffnung, es müsse nur das richtige Staatspersonal an die Macht gespült werden, um ein mit Blick auf die Klimakrise vernünftiges Durchgreifen zu ermöglichen, ist weit verbreitet (Herrmann, 2022; Fraser, 2023; Huber, 2022). China, das weltweit die größten Investitionen in erneuerbare Energien tätigt, könnte für solche Sehnsüchte bald zum Hoffnungsträger avancieren (Sander, 2022).

In Bezug auf Marx' Theorem des metabolischen Risses im Stoffwechsel mit der Natur hält Schaupp (2023) fest, dass es sich bei einem »Großteil der kapitalistischen Nutzbarmachung um eine *Ver*nutzung [handelt]: Natürliche Ressourcen werden ausgeplündert, Arbeitskörper werden bis zum Burnout oder in die Invalidität getrieben« (S. 335 [Hervorh. i. Orig.]). Das große Versprechen des »Programms der Nutzbarmachung« (S. 336) sei es, dass die zerstörerischen Effekte durch die fortschreitende Steigerung der Produktivität »nach und nach eliminiert« (ebd.) würden. Das »Programm des grünen Wachstums« (ebd.), so Schaupp, sei die »aktuellste Version dieses Versprechens« (ebd.). Dieses beruhe auf der »paradoxen Annahme, dass die destruktiven Effekte des Wachstums gerade durch seine Intensivierung« (ebd.) verschwinden würden. Dabei sei es bemerkenswert, dass sich der Glaube an dieses Mantra ziemlich beharrlich zu halten scheint, »obwohl bislang keine empirischen Belege gefunden werden konnten, dass ein solcher Mechanismus tatsächlich existiert« (ebd.). Jasper Bernes schreibt in seinem Text »Between the Devil and the Green New Deal« von einer Illusion des grünen Kapitalismus: »The pathway to climate stabilization below two degrees Celsius offered by the Green New Deal is illusory« (Bernes, 2019). Denn, so Bernes, »the problem with the Green New Deal is that it promises to change everything while keeping everything the same [...]. You still buy a new iPhone every two years, but zero emissions. The world of the Green New Deal is *this world but better*«

(ebd. [Hervorh. i. Orig.]). Anstatt sich den individuellen Konsumverzicht auf die Fahnen zu schreiben, argumentiert Huber (2022): »climate change is a class issue« (ebd., S. 3). Dabei müsse der Fokus darauf liegen, die Produktion radikal umzuwälzen und klimagerecht zu verändern: »In fact, the entire human relationship to the natural world is, at its core, a relationship of production – how we produce the food, energy, housing, and other basics of life« (ebd., S. 4). Jacob Blumenfeld argumentiert in eine ähnliche Richtung, wenn er schreibt:

> »Confronting climate change cannot be left to experts, politicians, or economists, while everyone else stays at home, isolated, carrying on as before. Rather, a just climate politics must incorporate the broad public in a collective project of social, cultural, and aesthetic transformation which rethinks how we produce, consume, live, and move on the planet« (Blumenfeld, 2023, S. 170).

Mittlerweile scheint auch in der Mitte der bürgerlichen Gesellschaft eine gewisse Ratlosigkeit vorzuherrschen, wie die fortschreitende Erderwärmung aufgehalten werden kann. Offenbar dämmert es bereits einem großen Teil des Personals in Politik, Wirtschaft, Wissenschaft und Medien, dass eine Reduzierung des Ausstoßes klimaschädlichen Treibhausgasen, die ausreicht, um schwerwiegende Folgen und sogenannte Kipppunkte zu vermeiden, in der gegenwärtig verfassten Ökonomie nicht möglich ist. Obwohl mittlerweile auch Organisationen wie der Weltklimarat *(Intergovernmental Panel on Climate Change)*, die nicht im Verdacht stehen, an der kapitalistischen Ordnung rütteln zu wollen, zu einem radikalen Umbau der Wirtschaft aufrufen, scheint eine Umwälzung der Produktionsweise gegenwärtig außerhalb der Vorstellungskraft zu liegen (IPCC, 2023). Stattdessen gilt volle Fahrt voraus im Kampf gegen den Klimawandel. Richten soll es nun der *grüne Kapitalismus*.

Vielleicht besteht darin die Erklärung dafür, warum sich immer mehr technische Lösungen – oder *Scheinlösungen*, wie folgend aufgezeigt werden soll – in den Vordergrund drängen und als Hoffnung gegen die Erderwärmung in Stellung gebracht werden. Im Zentrum stehen dabei der massive Ausbau von erneuerbaren Energien und die Umstellung des klimaschädlichen Individualkonsums und Verkehrs. Allgegenwärtig ist so etwa eine Proklamierung des vermeintlich klimaneutralen Pkw mit Elektroantrieb, für dessen Herstellung indes neue Lithium- und Kobaltminen entstehen, die ganze Landstriche verwüsten (Klein, 2015). Auch auf Techniken, die CO_2 aus der Luft filtern sollen, und Geoengineering, den technischen Eingriff in das globale Klima, wird zunehmend gesetzt (Schneider, 2022; Klein, 2015; Malm, 2023).

So schreitet gerade massiv der Ausbau der Technologie *Carbon Capture & Storage* (CCS) voran. Dabei handelt es sich um ein Verfahren zur Gewinnung von Kohlenstoffdioxid direkt aus der Umgebungsluft. Sodann wird das klimaschädliche Gas erheblich zusammengepresst und unter der Erde gelagert. In einer Studie von *Stratview Research* (2022) wird geschätzt, dass die neue Technologie bereits 2030 ein Milliardengeschäft sein wird. Getrieben wird diese Entwicklung aber nicht, wie die Medien häufig nahelegen, durch kleine gemeinnützige Profit-Öko-Start-ups, sondern von Ölmultis und Energieriesen. Der größte globale Ölkonzern, die saudi-arabische *Saudi-Aramco*, plant gegenwärtig, eine der weltweit größten Anlagen für CO_2-Abscheidung und -Speicherung zu bauen. Rund um den Globus unterstützen Regierungen das CCS mit Milliardensubventionen, so auch die EU und die Bundesregierung (Bundesministerium für Wirtschaft und Klimaschutz, 2023). Der Nutzen und auch die möglichen Nebenwirkungen des CCS sind dabei sehr umstritten (Schneider, 2022). Wegen des begrenzten Umfangs der vorliegenden Arbeit wird der Fokus im Folgenden auf einer anderen Technologie liegen, die immer mehr an Bedeutung gewinnt: Geoengineering. Sie und die potenziellen Gefahren für das gesamte Ökosystem, die sie mit sich bringt, werden im nächsten Abschnitt dargestellt.

2.4 Der dystopische Moment in der Techno-Utopie

Im Sommer 1945, am 16. Juli um 5:29 Uhr, wurde in der Wüste New Mexicos unter absoluter Geheimhaltung der Trinity-Test durchgeführt und damit die erste Atombombe in der Geschichte der Menschheit gezündet. In Christopher Nolans Film *Oppenheimer* (2023) wird die Lebensgeschichte des gleichnamigen Physikers und »Vaters der Atombombe« erzählt. Die Schlussszene endet mit einem Dialog zwischen den Freunden und Kollegen Albert Einstein und J. Robert Oppenheimer: »Albert, when I came to you with those calculations we thought we might start a chain reaction that would destroy the entire world.« Einstein antwortet: »Yes I remember it well. What happened?« Oppenheimer entgegnet: »I believe we did.« Ob diese Konversation wirklich so stattgefunden hat, ist nicht bekannt. Worauf sich die Szene aber bezieht, ist heute Allgemeinwissen. Der Trinity-Test war nicht nur hochumstritten, sondern Oppenheimer und sein Team aus hochkarätigen Wissenschaftlern konnten bis zur Zündung der Atombombe nicht gänzlich ausschließen, dass durch die Explosion nicht auch eine globale Kettenreaktion in der Atmosphäre in Gang gesetzt werden könnte und damit die ganze Erde vernichtet würde (Iken, 2010). Das ist nicht passiert. Dennoch war die Welt nach dem Test eine andere. Kurze Zeit später, am 9. August, warfen US-Streitkräfte eine Atombombe über der japanischen Stadt Hiroshima ab. Nach Schätzungen starben bis zu 100.000 Menschen sofort und noch einmal so viele in den Tagen und Jahren danach an den Folgen von Verletzungen und der nuklearen Strahlung (Althaus, 2015). Mit der Atombombe beginnt eine neue Zeitrechnung der Abschreckung, Bedrohung und Vernichtung; wann immer es zwischen den Atommächten USA und der Sowjetunion ernst wurde, stand die Existenz der gesamten Menschheit auf dem Spiel. Adorno (1966) merkt in seiner Schrift *Negative Dialektik* an: »Keine Universalgeschichte führt vom Wilden zur Humanität, sehr wohl eine von der Steinschleuder zur Megabombe« (S. 313). In der Logik Adornos könnte man auch den Klimawandel sowie die Technik des Geoengineering hinzufügen. Sicherlich ist zwischen der Atombombe, die ausschließlich dem Zweck der Zerstörung und Vernichtung dient, und Geoengineering kategorisch zu unterscheiden; ist doch der formulierte Zweck der Klimamanipulation ein vermeintlich ehrenwerter, der sich der Rettung der Menschheit und des Ökosystems der Erde verschrieben hat, nicht dessen Zerstörung. Nimmt man jedoch an, dass, wie folgend dargestellt werden soll, das Solar Radiation Management auch als eine omnipotente Verleugnung der Klimakrise verstanden werden kann, dann scheint auf den zweiten Blick der ehrenwerte Zweck nicht mehr so eindeutig und trägt in letzter Konsequenz ebenfalls etwas Destruktives in sich: die Verleugnung der Gefahren der Erderwärmung. Dabei trägt die Technologie in zweierlei Hinsicht etwas Zerstörerisches in sich, und hier wird die Parallele zur Entwicklung der Atombombe etwas eindeutiger. Erstens weiß niemand, was die wirklichen Aus- und Nebenwirkungen einer Klimamanipulation sein könnten, sowohl die Zerstörung des Ozonlochs, Dürren und andere schwerwiegende Folgen werden diskutiert. Zweitens scheint es unumstritten, dass bei plötzlicher Beendigung ein *termination shock* ausgelöst werden könnte, der katastrophale Folgen nicht nur für die Menschheit, sondern für das gesamte Ökosystem der Erde hätte. Auch Malm (2023) zieht einen Vergleich zwischen der Gefahr des Geoengineering und der Atombombe:

> »The climate crisis *is determined by irrational forces through and through* – and into this forcefield, the rationalist-optimists throw their project, with hopes that amount to giving a hallucinatory psychotic the keys to a nuclear power-plant, or even the codes to an atomic bomb, and expecting that it will work out just fine. A more promising approach might be to analyse geoengineering as a spin-off of those forces themselves« (S. 13 [Hervorh. i. Orig.]).

Naomi Klein (2015) schreibt, dass in der Technik des Solar Radiation Management eine Option heranwachse, die vor allem in einem Schock- oder Krisenmoment zur Anwendung kommen könnte. Der Einsatz würde Klein zufolge wahrscheinlich »in einer Atmosphäre kollektiver Panik, in der wenig Zeit für ruhiges Nachdenken bleibt«, erfolgen. Sollte es in den kommenden Jahren zu noch größeren Naturkatastrophen kommen als bisher, könnten Regierungen, allen voran China und die USA, grünes Licht dafür geben (ebd.). Vor diesem Szenario warnen mittlerweile auch eine Studie der Stiftung Wissenschaft und Politik, Andreas Malm sowie die Bundeswehr (Dröge, 2011; Malm, 2023; Bundeswehr, 2012). Der schwelende Machtkonflikt zwischen den beiden Staaten drücke sich, ähnlich wie zu Hochzeiten des Kalten Krieges, auch in einem technologischen Wettrüsten aus (Dröge, 2011). 2022 kam es in der Millionenmetropole Neu-Delhi zu apokalyptischen Bildern, als tausende Vögel wegen anhaltender Hitze vom Himmel fielen. Schon jetzt rücken die Temperaturen in einigen Städten zeitweise in die Nähe der 50-Grad-Marke, es gibt realistische Szenarien, dass der Aufenthalt in manchen Millionenmetropolen ohne Schutz bald lebensgefährlich werden könnte (IPCC, 2023). Sollte es künftig in Peking, Los Angeles oder Rom zu solchen Szenarien kommen, scheint die *Pinatubo-Option* – die künstliche Verdunkelung der Sonne – in nicht allzu ferner Zukunft zu liegen (Malm, 2023; Klein, 2015; Kolbert, 2021). Klein schreibt dazu, dass ihr die Idee des Geoengineering heute noch fern und verrückt vorkomme: »Aber wenn es in meiner Stadt so heiß wäre, dass die Leute zu Tausenden tot umfallen, und jemand eine schnelle, schmutzige Methode verkaufte, um für Abkühlung zu sorgen, würde ich da nicht genauso um Abhilfe betteln?« (ebd.). Welche Techniken in Zukunft zum Einsatz kommen, kann niemand vorhersagen. Jedoch scheint die Vorstellung nicht unrealistisch, dass beispielsweise bei der Überschreitung weiterer sogenannter klimatischer Kipppunkte, also mit einem Anwachsen der realen Bedrohung, zwar nicht unbedingt Panik, aber doch eine Angst entsteht, die die *Offenheit für den technologischen Fix* enorm steigern könnte, ganz gleich, welche längerfristigen Gefahren damit verbunden wären. Gleichzeitig liegt die Gefahr bereits in der Hoffnung auf eine rettende Technologie: Sie kann auch als Katalysator für die gegenwärtige Verleugnung der Klimakrise fungieren.

2.5 Die Pinatubo-Option: Geoengineering und der Termination Shock

Theoretisch sind verschiedene Formen von Geoengineering (Klimaengineering) möglich. *Solar Radiation Management* (SRM) wird unter den Fürsprechern dieses Ansatzes am meisten diskutiert. Die Sonne dimmen, so könnte man den Kern von SRM beschreiben. Die wichtigste Inspiration dafür lieferte aber nicht das oben beschriebene Geschehen zu Lebzeiten von Lord Byron – zu der Zeit liegen keine auswertbaren Daten vor –, sondern der Ausbruch des Vulkans Pinatubo auf den Philippinen im Jahr 1991. Es war der größte Vulkanausbruch des 20. Jahrhunderts und dieser hatte nicht nur verheerende Folgen für die Bevölkerung vor Ort, sondern auch für das globale Klima (Stirn, 2002). Nach Schätzungen von Vulkanologen wurden bis zu 20 Millionen Tonnen Schwefeldioxid freigesetzt und konnten somit in die Stratosphäre gelangen (ebd.). Die Durchschnittstemperatur auf der Erde sank im Jahr danach um ein halbes Grad Celsius (Klein, 2015). Im folgenden Winter 1991/92 sanken die Temperaturen in vielen Gebieten auf der Nordhalbkugel im Schnitt sogar um 3 Grad, »während am Roten Meer vor Kälte die Korallen abstarben und Jerusalem von einem seltenen Schneesturm heimgesucht wurde« (Stirn, 2002). In ironischer Weise bezeichnen Forscherinnen SRM auch als »Pinatubo-Option« (Klein, 2015). Denn technisch schwebt den vermeintlichen Klimaingenieuren das gleiche Szenario wie bei einem Vulkanausbruch vor. Schwefelsäureaerosole sollen, je nach Forschungsstand und Projekt, mit riesigen Flugzeugen, kilometerlangen Schläuchen oder zeppelinartigen Ballons in die Stratosphäre gebracht werden (ebd.). Schwefelsäure ist dafür bekannt, ein sehr beständiges Molekül: »konzentrierte Schwefelsäuretropfen [...] bleiben einige Jahre in der Stratosphäre. Und sie *streuen das Sonnenlicht zurück ins All*« (Kolbert, 2021, S. 85). Um genau diesen Vorgang geht es bei dem, was auch in der Wissenschaft euphemistisch als Klimamodifikation bezeichnet wird. Dennoch: Die unkontrollierte und gewaltige Eruption eines Vulkanausbruchs ist genau das Gegenteil von Solar Radiation Management. Denn hier geht es um ein *Hightech-Projekt*: Die Wetter- und Klimadaten stünden unter ständiger Überwachung der Algorithmen, minutiöse Anpassung wäre möglich, das Klima praktisch zu jeder Zeit veränderbar – mit anderen Worten: manipulierbar. So die Theorie.

Gegenwärtig fließt immer mehr Geld von Staaten und Unternehmen in Geoengineering, die Forschung wächst, auch die politische Lobbyarbeit für den Ansatz nimmt zu. Anja Chalmin (2021) hat in ihrer Studie *Geoengineering in the European Union* herausgearbeitet, dass die EU-Finanzierungen und -Subventionen eine immer größere Rolle bei der Entwicklung von Geoengineering-Projekten in Europa spielen. Finanzierte die EU zwischen 1998 und 2002 noch knapp zehn Projekte, so sind es mittlerweile fast 60; auch der finanzielle Rahmen ist um ein Vielfaches gestiegen (ebd.). In den USA ist das Thema Geoengineering mittlerweile ganz oben auf der Agenda angekommen. US-Präsident Joe Biden unterzeichnete im März 2022 den *federal appropriations act*, der das dem Weißen Haus direkt unterstellte *Office of Science and Technology Policy* beauftragte, ein nationales Forschungsteam und -programm für das SRM zu erstellen (Temple, 2022). In den kommenden Jahren könnten demnach mehrere 100 Millionen Dollar in die Forschung und Entwicklung auf diesem Gebiet fließen (ebd.). Mit dabei sind bereits renommierte Universitäten wie die Harvard University, die mittlerweile das *Harvard Solar Geoengineering Research Programm* aufgelegt hat. Außerdem gehören dem Stab die NASA und das Energieministerium mit ihren beträchtlichen finanziellen Ressourcen an (ebd.). Längst scheint zwischen verschiedenen Machtblöcken, allen voran der EU, China und den USA, ein Wettrennen ausgebrochen zu sein. Die Frage ist dabei nicht nur, wer als Erster über die Technik verfügt, sondern auch, wer es sich als Erstes traut, vorzupreschen und die Sonne durch Schwefelsäureaerosole zu dimmen, was das globale Klima wahrscheinlich für immer verändern würde (Klein, 2015).

Gleichzeitig warnen weltweit Wissenschaftlerinnen und Wissenschaftler vor der Anwendung von SRM, denn die möglichen Konsequenzen – sogenannte Nebeneffekte für Mensch und Natur – sind unberechenbar und gefährlich (Klein, 2015; Malm, 2022). Die Physikerin und Klimaforscherin Linda Schneider (2022) nennt Klimaengineering eine »gefährliche Fantasie der Klima-Manipulation« und warnt, die entsprechenden Technologien seien hochriskant und ungetestet. Auch im jüngsten Bericht des Weltklimarats wird vor den Risiken gewarnt: »Solar radiation modification approaches, if they were to be implemented, introduce a widespread range of new risks to people and ecosystems, which are not well understood« (*Intergovernmental Panel on Climate Change*, 2023, S. 19). Dazu zählt, wie Naomi Klein (2015) es in ihrem Buch *Die Entscheidung: Kapitalismus vs. Klima* beschreibt, »dass je nachdem, welches Abschirmverfahren wie intensiv angewendet wird, ein permanenter Nebelschleier die Erde umhüllen und ein klarer blauer Himmel der Vergangenheit angehören würde« (S. 316). Allein die Vorstellung eines ewig weiß-milchigen Himmels löst bei vielen Angst aus; was die (Neben-)Effekte einer Welt ohne direkte Sonneneinstrahlung für die menschliche Psyche und Physis bedeuten würde, ist bisher völlig unklar (Ellis & Iqbal, 2021; Klein, 2023; Kolbert, 2021). Die Auswirkungen für das Ökosystem könnten zahlreich sein. Ironischerweise würde die Leistungskraft von Photovoltaikanlagen massiv herabgesetzt werden (Klein, 2015). Auch was der Vorgang für die Pflanzenwelt und die Nahrungsmittelproduktion bedeuten würde, kann niemand vorhersagen. Pflanzen brauchen Sonne für die Photosynthese; sind die Sonnenstrahlen schwächer, könnte es zu globalen Ernteeinbrüchen kommen. Außerdem wird damit gerechnet, dass die Verdunklung der Sonne in bestimmten Regionen die Regenfälle um bis zu 20 Prozent verringern könnte, was selbstredend verheerende Folgen für die Nahrungsmittelproduktion hätte (Klein, 2015; Malm, 2023). Schneider (2022) warnt, neben der »Störung regionaler und saisonaler Niederschlagsmuster« seien auch der »Abbau der Ozonschicht, die anhaltende Versauerung der Ozeane sowie weitere bekannte und unbekannte negative Nebenwirkungen« zu erwarten. Ungeklärt ist zudem, was es für Folgen hat, wenn die Schwefelsäurepartikel aus der Stratosphäre wieder auf die Erde fallen. Durch ein kontinuierliches Ausbringen von Schwefelsäure in die Stratosphäre würde die Erdoberfläche ab einem bestimmten Zeitpunkt permanent mit den Partikeln berieselt; niemand weiß, was die längerfristigen Effekte für Mensch und Natur wären (Malm, 2022). Hinzu kommt, dass Geoengineering die grundlegenden Ursachen des Klimawandels nicht beseitigt. Stattdessen wird nur »das offenkundige Symptom behandelt: höhere Temperaturen« (Klein, 2015, S. 316). Sowohl der Weltklimarat als auch Kritikerinnen des SRM warnen davor, dass bereits die Aussicht, die Technologie eines Tages zu nutzen, die Bemühungen um eine Reduzierung des CO_2-Ausstoßes zunichtemachen könnte (IPCC, 2023; Schneider, 2022; Malm, 2023; Klein, 2015).

Doch selbst diese lange Liste von Problemen, die sich aus der Nutzung einer solchen *Sonnenfinsternis light* ergeben, ist noch unvollständig. Denn noch etwas anderes kommt hinzu: Hat man erst einmal großflächig mit SRM angefangen, kann man nicht einfach wieder aufhören. Andernfalls nämlich droht der sogenannte *termination shock* (Malm, 2023; Klein, 2015; Kolbert, 2022). In einem Bericht warnt der IPCC eindringlich davor: »Another concern with SRM is the risk of a ›termination shock‹ […] when suddenly stopping SRM, which might cause rapid temperature to rise and associated impacts« (de Coninck et al., 2018, S. 351). Malm (2022) schreibt: »Of all the risks with geoengineering, none is as frightening as the prospect of its sudden termination« (S. 26). Denn hört man einfach auf mit der künstlichen Verdunklung der Sonne, würde es in kürzester Zeit zu einer rapiden globalen Erderwärmung kommen; selbst unter den gegenwärtigen Bedingungen bräuchte ein solcher Temperaturanstieg mehrere Jahrzehnte (ebd.). So würde die globale Durchschnittstemperatur sehr schnell voranschreiten – »several times faster than any pre-sulphatic business-as-usual could achieve on its own« (ebd.). Es ist ein Schreckensszenario, das selbst Befürworter des Klimaengineering nicht ausschließen können; dennoch wird immer häufiger behauptet, dass das Risiko unter normalen Bedingungen kontrollierbar sei (Kolbert, 2021). Klein (2015) sprich hier von dem merkwürdigen Paradoxon des Geoengineering: »Es ist ungleich ehrgeiziger und gefährlicher als jedes Ingenieursprojekt, das Menschen jemals gewagt haben« (S. 324), da zu den allgemeinen Risiken, die mit der Manipulation des Klimas einhergehen, noch das Szenario eines *termination shock* kommt. Es wäre ein exogener Schock, der das gesamte Ökosystem der Erde erschüttern würde, wie es nie zuvor in der Menschheitsgeschichte geschehen ist. Malm (2022) schreibt dazu: »to a shock of this size, no ecosystems and precious few species could adapt« (S. 27). Ob die Menschheit einen durch Geoengineering verursachten *termination shock* überleben würde, kann niemand voraussagen; dass es jedoch zu einem Massenaussterben von Lebewesen und einer heftigen Destabilisierung des gesamten Ökosystems auf der Erde kommen würde, scheint unbestritten (ebd.). Auch in einem Bericht der britischen Akademie der Wissenschaften, der berühmten Royal Society, die dem SRM prinzipiell nicht abgeneigt ist, heißt es, dass die Technik »eventuell zu Klimaveränderungen führt, die schlimmer sind als ohne SRM-Option« (Royal Society, zit. n. Klein, 2015, S. 317). Jasper Bernes beschreibt in seinem Text zum *Green New Deal* Technofixes als eine im Zuge der Klimakrise logische

Entwicklung, die aus der Widersprüchlichkeit der kapitalistischen Produktionsweise erwachse:

> »Indeed, at present the only solutions possible within the framework of capitalism are ghastly, risky forms of geoengineering, chemically poisoning either the ocean or the sky to absorb carbon or limit sunlight, preserving capitalism and its host, humanity, at the cost of the sky (now weatherless) or the ocean (now lifeless)« (Bernes, 2019).

Die kapitalistische Produktivkraftentwicklung scheint folgerichtig auch keine Lösungen im Sinne einer radikalen Ursachenbekämpfung hervorbringen zu können. Auch Schneider (2019) beschreibt diesen Widerspruch: »rather than overcoming the economic and political power structures that have caused the climate crisis [...], they create new spaces for profit and power for new and old economic elites and thereby serve to uphold the current status quo«. Hier zeigt sich auch die objektive Irrationalität kapitalistischer Vergesellschaftung: Kapitalistische Innovation soll das Problem der Klimakrise lösen, das durch die kapitalistische Vergesellschaftung überhaupt erst hervorgebracht wurde. Doch welche Technik wird die nächsten, womöglich noch schwerwiegenderen Probleme lösen, die sich mit den Nebeneffekten des Geoengineering auftun könnten? Der gegenwärtige Umgang mit der Klimakrise und die aufgezeigten Scheinlösungen erinnern stark an die von Horkheimer (1947) beschriebene *instrumentelle Vernunft*, die innerhalb der kapitalistischen Vergesellschaftung herrscht. Die Natur erscheint darin »mehr denn je als ein bloßes Werkzeug des Menschen« (S. 212) und wird zum »Objekt totaler Ausbeutung, die *kein von der Vernunft gesetztes Ziel* und daher *keine Schranke* hat« (ebd. [Hervorh. S. T.]). Auch der Mensch ist nach Horkheimer unter der kapitalistischen Herrschaft Objekt von Unterdrückung und Ausbeutung; die instrumentelle Vernunft wirke *affirmativ auf das Bestehende* und bereite so immer wieder den möglichen Weg in eine neue Barbarei. Doch ab wann kann man von grausamen Zuständen sprechen, woran ließe sich eine neue Barbarei messen? Angesichts der verheerenden Naturkatastrophen, Hitzewellen sowie dem Anstieg des Meeresspiegels leiden schon heute Millionen Menschen unter den Folgen des Klimawandels. Bereits jetzt wird davon ausgegangen, dass jedes Jahr bis zu 20 Millionen Menschen aufgrund der Folgen des Klimawandels auf der Flucht seien. Laut UNHCR (2023) waren es 2023 bereits 26,4 Millionen. Muss die Zahl der Klimaflüchtlinge erst die 100-Millionen-Marke durchbrechen? Kann erst dann davon ausgegangen werden, wenn das Asylrecht vollends abgeschafft wird und an den Grenzen zu Europa und den USA Flüchtlinge künftig in Lagern ausgesperrt werden? Oder müssen es mehr als die 700 Millionen Menschen sein, die heute schon weltweit an Hunger leiden, wie im aktuellen UN-Welternährungsbericht (UNRIC, 2023) zu lesen ist? Ohne Zweifel kann der aktuellen gesellschaftlichen Dynamik ein destruktiver Charakter attestiert werden. Offen bleibt allein die Frage, wie weit die ökologische Zerstörung, angetrieben von dem blinden Zwang der Akkumulation von Waren und Profit, noch geht. Ebenso, ob signifikante gesellschaftliche Bewegungen entstehen, die dieser objektiven Irrationalität etwas entgegensetzen könnten.

3 Angst und Paranoia

In seiner Studie *Angst im Abendland* untersucht der Historiker Jean Delumeau (1985a, 1985b) das Auftreten kollektiver Ängste sowohl vor Pest, Krieg, Hunger und Naturgewalten als auch die von der Kirche genährten Ängste der kulturell tragenden Schichten vor dem Jüngsten Gericht, Satan und seinen Helfershelfern, Frauen, Hexen und Juden. Angst, so seine These, könne Ursache und Treiber von regressiven Aufständen sein; dem Mob, der angestachelt von Gerüchten und Ressentiment marodierend, plündernd und mordend immer wieder in der Geschichte sein Unwesen trieb. Ob bei der Verfolgung von Jüdinnen und Juden im Mittelalter oder bei den massenhaften Hexenverbrennungen. Eingangs fragt Delumeau (1985a), ob die klinische Analyse individueller Ängste auch auf kollektiver Ebene anwendbar sei. Brechen sich Ängste in der Masse Bahn, beschreibt er diese als »Reaktionen einer Menge, die von Panik ergriffen wird oder plötzlich ihren Aggressionen freien Lauf läßt« (S. 27) und vermutet in diesem Vorgang »wahrscheinlich das Resultat einer Anhäufung von persönlichen Affekten« (ebd.). Zwar gilt das Interesse Delumeaus vor allem der Untersuchung historischer Ereignisse, in denen er »kollektive Ängste« als Motor gesellschaftlicher Dynamiken erkennt, dennoch zieht er eine Verbindung zwischen seiner Studie und Freuds Auseinandersetzung mit dem Todestrieb und den Werken *Jenseits des Lustprinzips* und *Das Unbehagen in der Kultur*: der Zusammenhang zwischen innerem Angstzustand und der möglichen Umwandlung in Aggression nach außen. Die Aktualität des Themas der Angst in Bezug auf die Klimakrise ist offenkundig. Die Auseinandersetzung mit Angst und Angstabwehr scheinen dabei zentral für die Auseinandersetzung mit der (Massen-)Psychopathologie der Verleugnung.

Das »Thema« Klimawandel und seine Folgen wirken bereits jetzt bedrohlich auf die Psyche und führen zu einer allgemeinen Verunsicherung des Subjekts. Diese Situation wird somit zum Ausgangspunkt von *Real-*

angst, ist aber auch »massentauglich als Frame des aktuellen Unbehagens in der Kultur und der flottierenden Zukunftsängste« (Berg et al., 2019, S. 6). Dabei treten auch paranoide Ängste zum Vorschein, womit sich auch massive Abwehrmechanismen wie Spaltung, Verleugnung und Projektion erklären lassen, die immer wieder als Reaktion auf die Bedrohung durch die Erderwärmung zu beobachten sind (Hoggett, 2019; Kassouf, 2022; Weintrobe, 2020; Dodds, 2021; Habibi-Kohlen, 2019). Unbewusste Ängste und ihre Abwehr sind zentrale Formen der innerpsychischen Reaktionsweisen auf die Klimakrise, so die hier vertretene These, und somit lässt sich möglicherweise auch erklären, warum die Beharrungskräfte, an dem Bestehenden festzuhalten, so stark sind und damit gleichzeitig die realen Gefahren, die mit der Klimakrise einhergehen, geleugnet werden. Statt Vernunft und Solidarität herrscht zunehmend Irrationalität und Paranoia.

Doch was bedeutet es genau, wenn von Angst die Rede ist? Welche Angst ist *real*, welche *neurotisch*, wann ist sie *bewusst* und wann *unbewusst*? Und was sind wiederkehrende Abwehrreaktionen, um der Angst zu begegnen? Diesen Fragen wird in diesem Kapitel nachgegangen. Die Theorien der Angst von Sigmund Freud und Melanie Klein werden im Folgenden skizziert, um sie später mit den sich mit der Klimakrise zu beobachtenden Psychopathologien der Leugnung in Beziehung zu setzen.

3.1 Theorien der Angst von Sigmund Freud

»Wenn das Ich seine Schwäche einbekennen muß, so bricht es in Angst aus, Realangst vor der Außenwelt, Gewissensangst vor dem Über-Ich, neurotische Angst vor der Stärke der Leidenschaften im Es« (Freud, 1917, S. 515). Freud unterscheidet in seinen *Vorlesungen zur Einführung in die Psychoanalyse* zwischen drei grundlegenden Ängsten: *Realangst*, *neurotischer Angst* und *Gewissensangst*. Bereits 1917 nimmt er an, dass »das Angstproblem ein Knotenpunkt ist, an welchem die verschiedensten und wichtigsten Fragen zusammentreffen« (S. 407). Angst wird zunehmend zentral in seinem Denken. Die Psychoanalytikerin Angelika Ebrecht-Laermann (2014) stellt in ihrer Schrift *Angst* fest: »und zwar sowohl in der Krankheitslehre als auch in der Behandlungstechnik, und nicht zuletzt in der Metapsychologie bei der Bestimmung ihrer theoretischen Grundlagen« (S. 8). Dennoch sei die Angst schwer zu fassen, nicht leicht zu erkennen; meist verberge »sie sich und muss in mühevoller Arbeit in der therapeutischen Beziehung langsam freigelegt werden« (ebd.). Oft komme es vor, dass erst dann, wenn die ursprüngliche Symptomatik bearbeitet werde, »Angst freigesetzt oder in andere Symptomkomplexe und Bereiche verschoben [wird]. Es kann beispielsweise passieren, dass, wenn eine heftige Zwangssymptomatik gelockert wird, eine phobische Symptomatik auftaucht« (ebd.).

Die Angsttheorie von Freud hat sich über die Zeit verändert und wurde in den späteren Jahren zentral für sein Denken – und das Dechiffrieren der Neurosen seiner Patientinnen und Patienten.

3.1.1 Realangst

Die *Realangst* ist nach Freud (1917) »die Wahrnehmung einer äußeren Gefahr, d. h. einer erwarteten vorhergesehenen Schädigung, sie ist mit dem Fluchtreflex verbunden und man darf sie als Äußerung des Selbsterhaltungstriebes ansehen« (S. 381). Diese Form der Angst erscheine daher als »etwas sehr Rationelles und Begreifliches« (ebd.). Wann und in welchen Situationen die Angst auftritt, hängt Freud zufolge von »dem Stande unseres Wissens und von unserem Machtgefühl gegen die Außenwelt ab« (ebd.). Die *Realitätsprüfung,* also die Bewertung der vermeintlichen oder tatsächlichen Bedrohung, könne von zwei Menschen am gleichen Ort und in der gleichen Situation sehr unterschiedlich ausfallen. So werde »der erfahrene Schiffer mit Entsetzen ein Wölkchen am Himmel betrachten, dass dem Passagier unscheinbar dünkt, während es ihm das Herannahen des Orkans verkündet« (ebd.). Die Realitätsprüfung sei bei Angstentwicklung »eine der wichtigsten Aufgaben des Ich, das sich auch selbst als Teil der Realität beobachten und kritisieren kann« (Ottomeyer, 2022, S. 132). Der Vorgang bestehe dabei unter anderem darin, die Beobachtung des Außen vom dem zu trennen, was zu der inneren Erregung geführt hat, das heißt also, »das Bild der Außenwelt von unserem wishful thinking bzw. unseren neurotischen Projektionen und Ängsten zu trennen. Auch zu den automatischen Reaktionen der Amygdala kann die Realitätsprüfung auf kritische Distanz gehen« (ebd.). Folgend müsse »eine angstmachende Information als realistisch oder unrealistisch« (ebd., S. 133) bewertet werden. Denn ohne »den erforderlichen Prozess der Realitätsprüfung ist die Bildung von überlebensfördernder Realangst im Unterschied zur neurotischen Angst oder frei flottierender Paranoia« (ebd.) nicht möglich. Realangst in Verbindung mit gelingender Realitätsprüfung kann demnach nicht nur als rational, sondern auch als unbedingt notwendiger Bestandteil der Alltagsbewältigung verstanden werden. Allein der Straßenwechsel oder die Nutzung des Fahrrads wäre ohne diesen Prozess schwer vorstellbar.

3.1.2 Neurotische Angst

Die *neurotische Angst* unterscheidet sich von der Realangst darin, dass diese nicht von äußeren Gefahren ausgelöst wird, sondern aus den unbewussten »inneren und teilweise verbotenen Regungen zu verstehen [ist], die aus dem Es kommen« (ebd., S. 134). Dabei unterscheidet Freud (1917 [1915–1917]) zwischen drei verschiedenen Typen der neurotischen Angst, »die frei flottierende Erwartungsangst und die an Phobien gebundene« (S. 387) sowie die dritte Form, bei der der »Zusammenhang zwischen Angst und drohender Gefahr völlig aus den Augen« (ebd.) gerate. Während sich das Ich der Realangst durch *äußere*, physische Flucht entziehen könne, vermeidet es bei der neurotischen Angst den Kontakt mit der empfundenen Gefahr von *innen*. Die neurotische Angst könne als das Gegenteil der Realangst verstanden werden. Sie kommt aus dem Unbewussten und ist in ihrer paranoiden Form eine »gefährliche, gewissermaßen vergiftete Variante von Angst« (ebd.). Doch die Frage, mit der sich Freud in diesem Zusammenhang vor allem beschäftigte, ist nicht die Form, sondern der *Ursprung* neurotischer Ängste.

Lange Zeit stand für Freud fest, dass Angst durch verdrängte Libido entstehe. Exemplarisch dafür steht der Fall des *Kleinen Hans* von 1909. Bis heute hält sich um Freud und die psychoanalytische Theorie im Allgemeinen beharrlich das Missverständnis, dass diese Annahme unverändert blieb. Das Gegenteil war der Fall. 15 Jahre nachdem Freud die Erklärung für die schweren Ängste des *Kleinen Hans* verfasste, kam er 1926 in seiner Schrift *Hemmung, Symptom und Angst* wieder auf die Frage des Ausgangspunktes neurotischer Ängste zurück. Nachdem er 1920 bereits seine monistische Triebtheorie in *Jenseits des Lustprinzips* um eine »dualistische Triebtheorie der Libido *und* des Todestriebs« (Hinshelwood, 1993, S. 326) erweiterte, bewertete er nun auch seine Theorie der Angst neu. Freud unterzog »seine Libidotheorie der Angst im Licht von 25 Jahren phänomenologischer Beobachtung neuerlich einer Revision und beschließt letztlich mit spürbarem Bedauern, sie durch eine psychologische Theorie zu ersetzen« (Caper,

2000, S. 110). Bisherige Erkenntnisse zur Angsttheorie erneut einer Befragung zu unterziehen, fiel ihm nicht leicht, er betrachtete dies jedoch als notwendig: »Es ist fast beschämend, daß wir nach so langer Arbeit noch immer Schwierigkeiten in der Auffassung der fundamentalsten Verhältnisse finden, aber wir haben uns vorgenommen, nichts zu vereinfachen und nichts zu verheimlichen« (Freud, 1926, S. 155). Die These, dass »neurotische Symptome und Ängste auf unterdrückte erotische Impulse« (Caper, 2000, S. 112) zurückzuführen seien, stellte sich für Freud als eine Sackgasse heraus und führte zu »unvorhergesehenen Komplikationen [...], wenn man sie im Licht der klinischen Beobachtungen betrachtet« (ebd.). Der Fall des *Kleinen Hans* erschien so für Freud in einem neuen Licht:

> »Wir glauben den Motor der Verdrängung in beiden Fällen zu kennen und sehen seine Rolle durch den Verlauf bestätigt, den die Entwicklung der zwei Kinder nimmt. Er ist in beiden Fällen der nämliche, die Angst vor einer drohenden Kastration. Aus Kastrationsangst gibt der kleine Hans die Aggression gegen den Vater auf; seine Angst, das Pferd werde ihn beißen, kann zwanglos vervollständigt werden, das Pferd werde ihm das Genitale abbeißen, ihn kastrieren« (Freud, 1926, S. 136).

Doch nun kommt Freud zu einem unerwarteten Ergebnis: »die Angstinhalte, vom Pferd gebissen und vom Wolf gefressen zu werden, sind Entstellungsersatz für den Inhalt, vom Vater kastriert zu werden« (ebd.). Aus dieser Erkenntnis zieht er den Schluss: »Hier *macht die Angst die Verdrängung*, nicht, wie ich früher gemeint habe, die Verdrängung die Angst« (ebd., [Hervorh. S. T.]). Freud kommt zu der Annahme, »daß weder die Angst noch die neurotischen Symptome eine Furcht vor verdrängter Libido sind« (Caper, 2000, S. 11), sondern vielmehr »scheinen sich die neurotischen Symptome als Abwehr gegen die Angst zu entwickeln« (ebd.). Verdrängung versteht Freud nun als Fluchtversuch, in dem das Ich die »(vor-bewußte) Besetzung von der zu verdrängenden Triebrepräsentanz« (Freud, 1926, S. 120) abziehe und diese dann für die »Unlust-(Angst-)Entbindung« (ebd.) verwende. Die Verdrängung könne dabei zum einen vom Ich ausgehen, indem dieses eine vom Es angestoßene Triebbesetzung vermeide. Das Ich versuche sich der Gefahrensituation also durch Verdrängung zu entziehen. So könne zwar Angst durch Verdrängung vermieden werden, doch gleichzeitig verwandele sich damit Lust in Unlust.

Das Neue an Freuds »theoretische[r] Reformulierung der Angsttheorie«, so die Psychoanalytikerin Ebrecht-Laermann (2014), bestehe darin, »dass sie nicht nur Angsterkrankungen erklärt, sondern den Mechanismus der Neurosen generell zu entschlüsseln sucht« (S. 30). Um den Ursachen der neurotischen Angst auf die Spur zu kommen, stellte Freud nun fest, dass Symptome bei Phobien im Zusammenhang mit der Angst vor Verstümmelung entstünden (ebd.). Darin erkannte er »eine Realangst, Angst vor einer wirklich drohenden oder als real beurteilten Gefahr« (Freud, 1926, S. 137). Damit vertrat Freud jedoch nicht die Auffassung, dass der *Kleine Hans* bzw. seine Patienten, die unter Angstneurosen leiden, *tatsächlich* Gefahr laufen würden, von ihren Vätern kastriert zu werden (Caper, 2000). Vielmehr kam Freud zu dem Schluss, »daß die Angst sich auf eine Gefahr bezieht, die in der Innenwelt des Kindes *real* ist« (ebd., S. 113 [Hervorh. S.T].). Damit betont Freud das erste Mal den *psychischen Inhalt* der Angst. Der neurotischen Angst ordnet er nun eine explizite Signalfunktion zu, die darauf hindeutet, dass die Angstentwicklung vom Unbewussten ausgeht. Die Signalangst sei somit »keine unmittelbar konfliktuöse Triebspannung, sondern ein Signal im Ich, das Triebspannung *antizipiert*« (Hinshelwood, 1993, S. 327 [Hervorh. i. Orig.]). Umstände, die Angst auslösen können, kann das Ich demzufolge einschätzen. Deshalb sind diese Angstsituationen »nicht triebbedingt, sondern könnten reinen Ichfunktionen, z. B. dem Gedächtnis, innewohnen« (ebd.). Diese Neubewertung der Angst »stärkte Freud in seiner Überzeugung von der Richtigkeit seiner psychologischen Theorie der Neurose, das heißt seiner Einschätzung, wie wichtig die Ereignisse in der Innenwelt für die Neurose sind« (Caper, 2000, S. 113). Freud hat seine Angsttheorie somit auf den Kopf gestellt: Nicht mehr die verdrängte Sexualität führt zur Neurose, sondern die neurotischen Symptome sind fortan als Abwehr gegen die innerpsychisch aufkommende Angst zu verstehen. Diese Annahme zieht Melanie Klein später »häufig zur Bestätigung ihrer Auffassung heran, daß dem Fantasie*inhalt* der Angst und nicht der Energie, aus der sie sich herleitet, vorrangig Bedeutung zukomme« (Hinshelwood, 1993, S. 327 [Hervorh. i. Orig.]).

3.1.3 Gewissensangst

Die *Gewissensangst* ist nach Freud die verinnerlichte und unbewusste Einwirkung der Eltern und Großeltern im Sozialisationsprozess. Wo in der frühen Kindheit die Angst der elterlichen Autorität herrsche, die »das

Kind durch Gewährung von Liebesbeweisen und durch Androhungen von Strafen« (Freud, 1933, S. 68) erfahre, die »dem Kinde den Liebesverlust beweisen und an sich gefürchtet werden müssen« (ebd.), regiere nun das Über-Ich. So sei die Realangst »der Vorläufer der späteren Gewissensangst; solange sie herrscht, braucht man vom Über-Ich und vom Gewissen nicht reden« (ebd.). Erst im späteren Verlauf der Entwicklung bilde sich dann die »sekundäre Situation aus« (ebd.), die dann vom Subjekt für die normale gehalten werde, so »daß die äußere Abhaltung verinnerlicht wird, daß an die Stelle der Elterninstanz das Über-Ich tritt, welches nun das Ich genau so beobachtet, lenkt und bedroht wie früher die Eltern das Kind« (ebd.).

An der Bildung des Über-Ichs wirke jedoch nicht nur die Elterninstanz mit, sondern auch »ganze Traditionslinien und Kulturen« (Ottomeyer, 2022, S. 135), das Über-Ich erscheine dabei auch als »kulturell hochvariabel« (ebd.). So nehme das Über-Ich im Laufe der Entwicklung »auch die Einflüsse jener Personen an, die an die Stelle der Eltern getreten sind, also von Erziehern, Lehrern, idealen Vorbildern« (Freud, 1933, S. 70) und werde dabei unpersönlicher. Dem Über-Ich werden nach Freud (ebd.) dabei zwei Rollen zugeteilt, »den strafenden Teil, der uns Angst macht und unangenehme *Gewissensbisse* austeilen kann, und das Ich-Ideal« (Ottomeyer, 2022, S. 136 [Hervorh. i. Orig.]), welches dem Vorbild der Eltern nachstrebe.

Mit der verworfenen Libidotheorie der Angst erscheint auch die Gewissensangst, die Angst vor dem strengen Über-Ich, in einem neuen Licht. Mit der neu gewonnenen Erkenntnis, neurotische Angst sei darauf zurückzuführen, dass innerpsychisch eine Gestalt existent ist, die mit Kastration droht und dieser Vorgang zu einer »Verschmelzung der Wahrnehmung der äußeren Wirklichkeit mit unbewußten Impulsen und Phantasien« (Caper, 2000, S. 114) führt, gelangt Freud zu der Annahme, dass jedes Kind bereits reale Empfindungen von Verlusten aus der äußeren Welt kenne. Auf diese Verlustempfindungen greife das Kind bei der Kastrationsangst zurück: »Entwöhnung hatte für das Kind den Verlust der Brust bedeutet; und auch Ausscheidung war von ihm während der analen Phase […] als Verlust erlebt worden. Freud erwägt sogar die Möglichkeit, ob nicht etwa die Geburt, der Verlust der Wohligkeit des Mutterschoßes, der Prototyp für all diese Verluste« (ebd.) sei. Diese real erlebten Verluste aktivieren in der Folge auch »die Angst vor einem immateriellen Verlust: nämlich dem Verlust der elterlichen Liebe« (ebd.). Hieraus entwickele sich auch die Angst, die Liebe »der *internalisierten* Eltern, des Über-Ichs zu verlieren« (ebd.). Dieser Vorgang bedrohe folglich auch die Psychodynamik zwischen Ich und Über-Ich.

Bei dem Neurotiker, der sich stets von der Strenge und Härte des Über-Ichs bedroht fühle, scheinen Freud zufolge noch weitere Einflüsse neben Trennungs- und Verlusterlebnissen eine Rolle zu spielen (Freud, 1933). Denn auf Liebesverlust und Trennung folgen im Normalfall die Gefühle Schmerz und Trauer, nicht aber Angst. Zumal Freud anhand seiner Beobachtungen feststellte, dass es oft Fälle gäbe, in denen die Strenge des Über-Ichs deutlich mehr Einfluss habe als die der Erziehung des Kindes durch die Eltern:

> »Das Über-Ich scheint in einseitiger Auswahl nur die Härte und Strenge der Eltern, ihre verbietende und strafende Funktion aufgegriffen zu haben, während deren liebevolle Fürsorge keine Aufnahme und Fortsetzung findet. Haben die Eltern wirklich ein strenges Regiment geführt, so glauben wir es leicht begreiflich zu finden, wenn sich auch beim Kind ein strenges Über-Ich entwickelt, aber die Erfahrung zeigt, gegen unsere Erwartung, daß das Über-Ich denselben Charakter unerbittlicher Härte erwerben kann, auch wenn die Erziehung milde und gütig war, Drohungen und Strafen möglichst vermieden hat« (ebd., S. 68).

Dazu kommen noch die »eigenen aggressiven Impulse des Kindes gegen seine Eltern. Sie vermischen sich im Prozess der Identifizierung, der zur Bildung des Über-Ichs führt« (Caper, 2000, S. 114). So zieht Freud die Schlussfolgerung:

> »Bei der ersten Einsetzung des Über-Ichs ist gewiß zur Ausstattung dieser Instanz jenes Stück Aggression gegen die Eltern verwendet worden, dem das Kind infolge seiner Liebesfixierung wie der äußeren Schwierigkeiten keine Abfuhr nach außen schaffen konnte, und darum braucht die Strenge des Über-Ichs nicht einfach der Härte der Erziehung zu entsprechen« (Freud, 1933, S. 117).

So müsse der Neurotiker während des »Identifizierungsprozesses mit den wirklichen Eltern etwas erlebt haben, das ihn zur größeren Härte veranlaßt« (ebd., S. 114). Aufgrund seiner synthetischen und traumähnlichen Herkunft reife das Über-Ich zu einer Quelle für die tiefsten und fantasievollsten Ängste. Die Erkenntnis, »daß die Angst der Verdrängung vorausgeht, setzte den letzten wichtigen Schritt in Freuds Denken in Gang, seine Theorie der kindlichen Aggression« (Caper, 2000, S. 117). Die Psychoanalytikerin Angelika Ebrecht-Laermann (2014) stellt in ihrem Buch *Angst* die These auf, dass der »Hinweis auf das Über-ich« (S. 32) verdeutliche,

> »dass Freuds Angsttheorie von 1926 nicht die letzte war. Sie verweist vielmehr auf eine spätere, die er in seiner Schrift *Das Unbehagen in der Kultur* (1930) verbirgt. Sie erst ermöglicht es, die Rolle der Destruktion bzw. des Todestriebs für die Angstentstehung zu berücksichtigen und Verbindungen zu den Auffassungen von Melanie Klein sowie Wilfred R. Bion herzustellen« (Ebrecht-Laermann, 2014, S. 32).

In dem 1930 verfassten Essay *Das Unbehagen der Kultur* kommt der Gewissensangst, dem Schuldgefühl, tatsächlich eine zentrale Rolle in Freuds Denken zu. Dabei geht es um das unbewusste Schuldgefühl gegenüber dem Über-Ich: Verdrängt vom Zwang der Kultur zur Triebkontrolle, entsteht das Unbehagen in der Kultur. Auf diese »vierte Angsttheorie«, wie Ebrecht-Learmann (2014) es formuliert, wird im folgenden Kapitel bei der Freud'schen Konzeption des Todestriebes genauer eingegangen. Im Folgenden wird zunächst, in Ergänzung zu Freud, die Angsttheorie von Melanie Klein herausgearbeitet.

3.2 Angsttheorie bei Melanie Klein

Freuds Arbeit *Hemmung, Symptom und Angst* von 1926 übte auf Melanie Kleins theoretische Überlegungen einen maßgeblichen Einfluss aus. Die Begründerin der Objektbeziehungstheorie griff mit weitreichenden Folgen einige bedeutende Annahmen der Arbeit für ihre theoretischen Formulierungen auf. Freuds (1926) Gedanken der frühinfantilen Angstsituation aus *Hemmung, Symptom und Angst* nahm Klein zum Anlass, »sich auf den *Inhalt* der Angst zu konzentrieren statt auf die Umwandlung der Libido« (Hinshelwood, 1993, S. 162, [Hervorh. i. Orig.]). Mit ihren Überlegungen löste sie sich wenige Jahre später von den Freud'schen Theorien des Über-Ichs und des Ödipuskomplexes bzw. fasste diese in ihrem theoretischen Denken neu (ebd.). So verortete Klein, anders als bei Freud angenommen, die ödipalen Fantasien und Ängste bereits im Seelenleben des Kleinkindes, und auch das Über-Ich lässt sich nach ihrer Theorie in primitiver Form bereits bei Säuglingen in Form introjizierter Partialobjekte wahrnehmen. Zudem erkannte sie in der von Freud skizzierten Entstehung »des Über-Ichs aus der Ablenkung des Todestriebs nach außen und einer Spaltung des Es« (ebd.) die »wohl früheste Abwehrmaßnahme des Ich« (Klein, 1933, S. 92, zit. n. Hinshelwood, 1993, S. 163). Nach Kleins Auffassung verfüge »das Kind im Augenblick der Geburt schon über genügend Ich, um Angst zu erfahren, Abwehrmechanismen anzuwenden und in Fantasie und Realität primitive Objektbeziehungen zu bilden« (Segal, 1983, S. 43). Dabei stelle die Fantasie »nicht nur eine Flucht aus der Wirklichkeit dar, sondern eine ständige und unvermeidbare Begleiterin realer Erfahrungen, mit denen sie in dauernder Wechselwirkung steht« (ebd., S. 30). Nicht nur die unbewussten Fantasien wirken permanent auf die Wirklichkeitswahrnehmung und -deutung ein, sondern auch umgekehrt: Die äußere Welt, die Realität, wirke zugleich auf die unbewussten Fantasien und Objektbeziehungen ein (ebd.). Die Beobachtung Freuds in *Hemmung, Symptom und Angst* (1926), mit der er zwischen dem Über-Ich der frühen Kindheit und dem der späteren Kindheit, das er nach der Auflösung des Ödipuskomplexes verortete, wird für Melanie Klein zentral (Caper, 2000). So nimmt Freud an, dass das Über-Ich der frühen Kindheit Terror und extreme Ängste auslöse, das spätere Über-Ich dagegen vor allem Schuldgefühle hervorrufe. Dieser Gedanke wird in dem späteren Werk *Das Unbehagen in der Kultur* zentral für die Annahme Freuds. Melanie Klein folgte diesem Gedanken und betonte, dass ein derart »monströses, zerstörerisches und grausames Über-Ich kaum allein auf die Erfahrungen des Säuglings mit dem tatsächlichen Verhalten seiner Eltern zurückgehen« (ebd., S. 172) könne. Diese Annahme bestärkte sie in ihrer Hypothese, »daß offenbar unbewußte Phantasien, in denen sich sowohl Liebes- als auch Haßimpulse ausdrücken, in die Erfahrungen des Säuglings mit seinen Eltern mit hineinspielen und sie von Grund auf ändern« (ebd.). Das Über-Ich des Neugeborenen, so Kleins weiterführender Gedanke, müsse »als ein Gemisch aus Erfahrungen und triebhafter unbewußter Phantasie verstanden werden« (ebd.).

Die britische Psychoanalytikerin Susan Issacs unterstreicht die Zentralität des Konzepts der unbewussten Fantasie für die Objektbeziehungstheorie: »Phantasie ist der primäre Inhalt unbewusster psychischer Prozesse« (Isaacs, 1952, S. 82, zit. n. Hinshelwood, 1993, S. 41). Die Gruppe um Melanie Klein, der auch Isaacs angehörte, sah in der Hervorhebung der unbewussten Fantasie eine Erweiterung der Freud'schen Theorie und Trieblehre, *nicht eine Abkehr* von Freud, wie es ihnen von vielen Seiten vorgeworfen wurde und bis heute wird (Hinshelwood, 1993; Caper, 2000). Dennoch hatte die Überlegung weitreichende Konsequenzen. Der Zusammenhang zwischen Triebregung und unbewusster Fantasie in der Objektbeziehungstheorie beschreibt Robert D. Hinshelwood präzise:

> »Die gesamte Psychische Aktivität beruht auf phantasierten Beziehungen zu Objekten, einschließlich der Wahrnehmungsaktivität, die als konkrete Inkorporation über dem Wahrnehmungsapparat phantasiert wird, und der Gedanken, die als Objekte erlebt werden. Da die unbewußte Phantasie die psychische Repräsentation der Triebregungen darstellt, steht sie von allen psychischen Phänomenen der biologischen Natur des Menschen am nächsten« (Hinshelwood, 1993, S. 41).

Das Unbewusste setze sich nach Melanie Klein aus den Beziehungen zwischen Objekten zusammen. So folge auf eine körperliche Empfindung auch ein psychisches Erleben, »das als Beziehung zu einem Objekt gedeutet wird – zu einem Objekt, das diese Sensation auslösen will und vom Subjekt geliebt oder gehaßt wird, je nachdem, ob das Objekt es gut meint oder aber böse Absichten hegt« (ebd., S. 42). Während Freud (1926) in *Hemmung, Symptom und Angst* noch vorsichtig andeutete, dass die Angst und Verlustgefühle, die bei der Geburt, dem Verlust der Wohligkeit des Mutterschoßes entstehen könnten, wurde diese Situation für Melanie Klein (1952) in ihrem Werk *Über das Seelenleben des Kleinkindes* zentral: »Es scheint, daß Schmerz und Unbehagen, die er [der Säugling] erlitten hat, sowie der Verlust des intrauterinen Zustandes als Angriff feindlicher Kräfte, d. h. als Verfolgung, von ihm empfunden werden« (Klein, 1960, S. 284). So sei der Säugling von Geburt an dem Ansturm der äußeren Realität ausgesetzt, darunter der Wirklichkeit, die Todesangst erzeugen könne, sowie dem Geburtstrauma an sich. Mit der Mutter bzw. der Brust der Mutter werde mit einem als versorgend und gleichzeitig bedrohend erlebten Objekt die erste Objektbeziehung hergestellt. Nach Kleins Hypothese werden »die frühesten Erfahrungen des Säuglings beim Gestilltwerden und die Nähe seiner Mutter alle Objektbeziehungen zu ihr« (ebd., S. 284) eingeleitet. Dabei gilt die Beziehung »zuerst einem Teilobjekt, denn oral-libidinöse und oral-destruktive Triebe sind von Anfang an besonders auf die mütterliche Brust gerichtet« (ebd.). Wenn das Kleinkind den ersten Entbehrungen ausgesetzt ist, so Klein, »verbindet sich im Säugling Verfolgungsangst von Anfang an mit seiner Objektbeziehung« (ebd., S. 285). Sie nimmt an, dass die schmerzhaften Empfindungen mit bestimmten unbewussten Fantasien ausgestattet werden. Diese schaffen dann die Grundlage für Fantasien über

> »feindselige äußere und innere Objekte und tragen in hohem Maß zur Entwicklung solcher Phantasien bei. In den ersten Phasen der psychischen Entwicklung bringt das Baby offenbar jeden unangenehmen Reiz in seiner Phantasie mit den feindseligen oder sich verweigernden Brüsten in Verbindung« (Klein, 1936, zit. n. Caper, 2000, S. 164).

Aus ihren Beobachtungen in der Arbeit mit Kleinkindern zog Klein den Schluss, dass Momente der Befriedigung in den ersten Lebensmonaten des Kindes grenzenlose Glücks- und Liebesgefühle auslösen können, die auf der Fantasie beruhten, mit dem guten Objekt vereint und verschmolzen zu sein. Enttäuschung und Versagung hingegen weckten »das Schreckgespenst eines mißgünstigen und unentrinnbaren bösen Objekts, das eine starke und alles durchdringende Angst um das eigene Überleben und um die eigenen guten Objekte aufkommen lässt« (Caper, 2002, S. 177). Das böse Objekt könne demnach zum Verfolger werden und die Angst vor Vernichtung so ins Unermessliche steigen (Klein, 1960). Melanie Klein entwickelte aus diesem Vorgang heraus die *paranoid-schizoide Position*. Gerade in den ersten Lebensmonaten sei dieser innerpsychische Zustand vorherrschend: »Die paranoid-schizoide Position hat die Vorherrschaft. Das Ineinanderwirken von Introjektion und Projektion – Re-introjektion und Re-projektion bestimmt die Ich-Entwicklung. Destruktive Impulse und Verfolgungsangst sind auf ihrem Höhepunkt« (Klein, 1960, S. 293). In der paranoid-schizoiden Position sei die größte Angst, dass »das verfolgende Objekt oder die verfolgenden Objekte in das Ich eindringen und nicht nur das Idealobjekt, sondern auch das Selbst überwältigen und vernichten können« (Segal, 1983, S. 46). Die Hauptangst sei daher »paranoid, und der Zustand des Ichs und seiner Objekte ist durch Spaltung gekennzeichnet, das heißt schizoid« (ebd., S. 47). Je heftiger die Ängste, desto höher ist das Maß der psychischen Desintegration. Klein beschreibt diesen Prozess damit, »daß gemeinsam mit der Spaltung der Brust in eine geliebte und gehaßte (d.h. gute und böse) eine Spaltung ganz anderen Charakters vor sich geht, die zu dem Gefühle führt, daß das Ich sowie sein Objekt zerstückelt ist; diesem Prozess liegen Zustände von Desintegration zugrunde« (Klein, 1960, S. 289). Als Gegenstück beschreibt Melanie Klein die Fähigkeit zur *depressiven Position*. In diesem Zustand, welcher normalerweise im Alter von vier bis sechs Monaten einsetze, sei der Säugling »körperlich und emotional reif genug, um seine fragmentierten Wahrnehmungen von der Mutter miteinander zu verbinden und die voneinander getrennten guten und bösen Versionen [...] zusammenzufügen« (Hinshelwood, 1993, S. 199). Entscheidend sei, dass in der depressiven Position die Fähigkeit vorhanden ist, Ambivalenzen, also ambivalente Gefühle und Fantasien zu den Objekten auszuhalten. Melanie Klein beschreibt, dass aus »den miteinander abwechselnden Prozessen von Desintegration und Integration sich allmählich ein stärker integriertes Ich, das eine größere Fähigkeit hat, mit Verfolgungsangst fertigzuwerden« (Klein, 1960, S. 294), entwickelt. So sei der Beginn der »depressiven Position durch Anerkennung der Mutter als einer ganzen Person, durch ihre Beziehung zu ganzen Objekten und das Vorherrschen von Integration, Ambivalenz, depressiver Angst und Schuldgefühlen gekennzeichnet« (Segal, 1983, S. 14). Klein verwendete in ihrer Arbeit den Begriff *Position* und nicht wie Freud *Phase* oder *Stufe*; sie wählte den »Terminus Position, um zu betonen, daß das beschriebene Phänomen nicht ein vorrübergehendes ›Stadium‹ oder eine ›Phase‹ ist wie etwa die Oralphase; ihr Positionsbegriff schließt einen bestimmten Zusammenhang von Objektbeziehungen, Ängsten und Abwehrmechanismen ein, die *ein ganzes Leben hindurch* andauern« (ebd. [Hervorh. S. T.]).

Wie sich das im Inneren des Subjekts niederschlägt und auch in der äußeren Welt des Subjekts, in gesellschaftlichen (Massen-)Dynamiken, wird im fünften Kapitel »Psychopathologie der Klimakrise« aufgezeigt. Die zunehmende ökologische Verwüstung, so die Hypothese, lässt sich nicht allein ökonomisch, aus den vorherrschenden Produktionsverhältnissen heraus, erklären. Mithilfe psychoanalytischer Angsttheorie wurde der Blick auf den destruktiven Umgang zwischen den Menschen selbst sowie zwischen Mensch und Natur gelenkt. So wurde aufgezeigt, wie unbewusste Angstabwehr zu paranoiden Zuständen und Spaltungsfantasien führen kann. Doch woher kommt dieser zerstörerische Drang, der sich in Geschichte und Gegenwart der Menschheit immer wieder beobachten lässt? Die Dechiffrierung der dargestellten unbewussten Ängste und Angstabwehr liefert einen Deutungsversuch. In Erweiterung dazu, wird im Folgenden auch das destruktive Triebgeschehen im Seelenleben der Subjekte nachgezeichnet. Dabei stellt sich die Frage, wie und warum es dabei zu einer regelrechten Lust an der Zerstörung kommen kann. Eine Frage, die Freud (1920) sich spätestens nach dem Schrecken des Ersten Weltkrieges und seinen verheerenden Folgen in *Jenseits des Lustprinzips* stellte.

4 Die Herrschaft des Leistungsprinzips: Todestrieb und Klimakrise

Herbert Marcuse bemerkte 1967 nach einer Fahrt in der U-Bahn zur Rushhour: »Was ich von den Menschen sehe, sind müde Gesichter und Glieder, Hass und Ärger. Ich habe das Gefühl in jedem Augenblick könnte jemand ein Messer hervorziehen – nur so« (Marcuse, 1967, zit. n. Kirchhoff, 2013, S. 75). Mit dieser etwas sonderbaren Beschreibung seiner Beobachtung der kapitalistischen Alltagstristesse will Marcuse auf die schlummernde Existenz des Todestriebes hinweisen. Und wenn die Tatsache »erklärungsbedürftig wird, dass jemand kein Messer zieht und nicht umgekehrt« (ebd.), dann scheint wohl etwas ziemlich im Argen zu liegen, so die Psychoanalytikerin Christine Kirchhoff in Anlehnung an Marcuse in ihrem Essay *Todestrieb und Amoklauf.* In ihrer Abhandlung über den Zusammenhang von Todestrieb und Amoklauf kommt Kirchhoff zu dem Schluss, dass der Amokläufer »angesichts des gesamtgesellschaftlichen Amoklaufs, als der die kapitalistische Gesellschaft auch zu beschreiben wäre« (ebd., S. 64), mit seiner tödlichen Destruktivität zwar als »Sonderfall, als die zu pathologisierende Ausnahme« zu analysieren sei, die »Monstrosität« aber aus der Mitte der Gesellschaft komme und somit »Ausgeburt des Normalen« sei.

Amok kommt von malaiisch *amuk* und wird im Duden (2023) auch als »wütend« oder »rasend« bezeichnet. Bleibt man bei der Parallele zum Amoklauf und schaut auf gegenwärtige Reaktionsweisen auf die Klimakrise, wäre es sicherlich falsch, die sogenannten Klimaleugner oder Anhängerinnen von Verschwörungstheorien als Amokläuferinnen und Amokläufer zu bezeichnen. Um aber bei dem Gedanken Kirchhoffs zu bleiben, könnte man von einem *Amoklauf in Zeitlupe* sprechen. In den Reaktionsweisen auf den Klimawandel drücken sich neben Verleugnung der Gefahren durch den Klimawandel oder gar des Klimawandels an sich auch zerstörerische und gewaltige Fantasien und eine Brutalisierung in den Verhaltensweisen aus, die zu einer Auseinandersetzung mit der Konzeption des Todestriebs anregen.

Produktiv scheint dabei eine Auseinandersetzung mit Freuds Konzeption des Todestriebs aus *Jenseits des Lustprinzips* und den später weiterentwickelten kulturtheoretischen Thesen aus *Das Unbehagen in der Kultur*. Darin schätzt er die innerpsychischen Zerstörungskräfte als so stark ein, dass die Menschen mit »der Beherrschung der Naturkräfte« (Freud, 1930, S. 506) und des technischen Fortschritts die Möglichkeit geschaffen hätten, »einander bis auf den letzten Mann auszurotten« (ebd.). Darauf aufbauend für die Auseinandersetzung mit dem Todestrieb ist Melanie Kleins Analyse wertvoll. Gerade Kleins Ausführungen zu der Angst vor Verfolgung und Vernichtung durch ein »böses Objekt« (Klein, 1960) lässt sich zu den teilweise wahnhaft anmutenden *Klimaleugnern* sehr passend in Bezug setzen. In der kleinianischen Schule gedacht, liegt die Deutung nahe, dass die »Mutter Erde«, der blaue Planet, in der Fantasie des Subjekts von einem ehemals sicheren, versorgenden Ort zu einem bedrohlichen, verfolgenden »bösen Objekt« mutiert. Abschließend soll die materialistisch-psychoanalytische Rezeption Herbert Marcuses in Bezug auf Freuds Todestriebtheorie herausgearbeitet werden. Der aggressive Durchbruch des Todestriebes in die äußere Welt, so eine zentrale These von Marcuse, muss aus den gesellschaftlichen Verhältnissen heraus, der kapitalistischen Herrschafts- und Produktionsweise, erklärt werden. Die tödliche Destruktivität, die sich bei Teilen der Klimaleugnerinnen zeigt, erscheint mit Marcuse gedacht als eine konformistische Rebellion, die aus der Mitte der Gesellschaft kommt und nicht als von dieser losgelöst verstanden werden kann.

4.1 *Jenseits des Lustprinzips:* Todestrieb bei Sigmund Freud

Die Entstehungsgeschichte von *Jenseits des Lustprinzips* wird immer wieder mit den weltgeschichtlichen Ereignissen und auch Freuds privaten Schicksalsschlägen zusammengebracht. Das Werk erscheint 1920, also kurz nach dem Ende des Ersten Weltkrieges. In verschiedenen Schriftwechseln wird deutlich, dass die Schrecken der industriellen Kriegsmaschinerie und das damit verbundene Massensterben Freud nachhaltig beschäftigen (Gay, 1989). So setzt sich Freud auch in seiner klinischen und therapeutischen Arbeit vermehrt mit den folgenschweren Kriegsneurosen junger Soldaten auseinander. 1919 veröffentlicht er seinen Text *Zur Psychoanalyse der Kriegsneurosen.* Ebenfalls müssen seine schwere Krankheit und der plötzliche Tod seiner Tochter Sophie während seiner Arbeit an *Jenseits des Lustprinzips* erwähnt werden (Gay, 1989; Storck, 2020). Böhme (2017) fasst zusammen: »Es ist viel Tod um Freud in dieser Zeit« (S. 44). Darüber hinaus unterzieht Freud auf klinischer Ebene in diesen Jahren seine Analysen einer Revision und betrachtet diese als gescheitert. All diese Entwicklungen fließen in seine neuen theoretischen Überlegungen mit ein (Storck, 2020).

Freud (1920) beschäftigt sich in *Jenseits des Lustprinzips* mit verschiedenen Vorgängen, die sich in das bisherige Triebmodell nicht mehr integrieren lassen. Zum einen beschäftigen ihn die Kriegstraumata aus dem Ersten Weltkrieg und die damit verbundenen traumatischen Neurosen, mit denen er in seinen analytischen Sitzungen praktisch konfrontiert ist. Die ehemaligen Soldaten berichten von wiederholtem Erleben des Traumas, der konkreten traumatischen Situationen, im Traum, was bei Freud zunehmend Zweifel an seiner bisherigen Annahme aufkommen lässt, nach der der Traum allein der Wunscherfüllung diene. Aus seiner therapeutischen Erfahrung, dass »der nächtliche Traum sie [die Soldaten] wieder in die krankmachende Situation versetzt« (ebd., S. 11), zieht Freud den Schluss, dass »bei diesem Zustand wie so vieles andere auch die Traumfunktion erschüttert« (ebd.) worden sei. Außerdem erkennt Freud eine andere Form der Wiederholung bei der Beobachtung des »Fort-Da-Spiels« eines Kleinkinds im Alter von eineinhalb Jahren: Das Kind lässt sein an einen Faden gebundenes Holzspielzeug unter einem Bett verschwinden. Bei dem Hervorziehen des Spielgeräts reagiert das Kind mit dem freudigen Ruf »Da!« (ebd., S. 12). Freud geht davon aus, dass hier ein unlustvolles Ereignis nachgespielt worden sei, das immer wiederkehrende, mehrstündige Verschwinden der geliebten Mutter. Zwar erkennt Freud die »kulturelle Leistung des Kindes« (ebd., S. 13), das in jungen Jahren »das Fortgehen der Mutter ohne Sträuben« (ebd.) gestatte und auf seine Triebbefriedigung verzichte. Doch hier steht nun das nächste Problem im Raum. Für eine das Lustprinzip als universell annehmende Triebtheorie stellt diese Deutung zugleich ein ökonomisches Problem dar. Denn laut Freud kann das Fortgehen der Mutter dem »Kinde unmöglich angenehm oder auch nur gleichgültig gewesen« (ebd.) sein. So stellt sich für Freud die Frage: »Wie stimmt es also zum Lustprinzip, daß es dieses ihm peinliche Erlebnis als Spiel wiederholt?« (ebd.). So kommt er zu dem Schluss, »dass sich hier eine Umkehrung von *passivem Erleiden in aktiven Vollzug* des unlustvollen Ereignisses enthält, worin das Kind sich zum ›Herren der Situation‹« (ebd., S. 15 [Hervorh. i. Orig.]) erhebe. Freud vermutet hier einen lustvollen Racheimpuls, den er auch in anderen analytischen Settings beobachtet. Zudem erkennt Freud auch in der Übertragung des neurotischen Patienten mit dem Analytiker in der Psychoanalyse einen Vorgang, der nicht restlos im bisher angenommenen Lustprinzip aufzugehen scheint. Beim analysierten Patienten werde klar, »dass der Zwang, die Begebenheiten seiner infantilen Lebensperiode in der Übertragung zu wiederholen, sich in jeder Weise über das Lustprinzip« (ebd., S. 37) hinaussetze. Es sei der stetig wiederholte Inhalt der Übertragung, der sich dem Lustprinzip zu widersetzen scheint: die peinlichen und traumatischen Ereignisse infantiler Sexualität, die in der Übertragung ein weiteres Mal durchlebt würden.

So unterzieht Freud (1920) die monistische Trieblehre einer Revision und kommt zu einer dualistischen Neukonzipierung der Triebstruktur, Eros- bzw. Lebens- und Todestrieb. Freud begründet die Notwendigkeit einer Neukonzeption damit, dass die »Äußerungen eines Widerholungszwangs« (S. 36), wie er sich in dem kindlichen Seelenleben und auch in der psychoanalytischen Therapie zeige, »im hohen Grade den triebhaften, und wo sie sich im Gegensatz zum Lustprinzip befinden, den dämonischen Charakter« (ebd.) aufweisen. Demnach geht es um den Todestrieb »als einen dem belebten Organischen innewohnenden Drang zur Wiederherstellung eines früheren Zustandes« (ebd., S. 38) bzw. um seinen »konservativen« Charakter (ebd., S. 39), was Freud zu der viel zitierten Äußerung veranlasst: »Das Ziel alles Lebens ist der Tod« (ebd., S. 40). Zwar würde laut Freud eine neue monistische Triebtheorie, die einen Todestrieb zur Grundlage nähme, den Wiederholungszwang erklären können, dabei jedoch andere Phänomene außen vor lassen müssen, insbesondere solche sexueller Art. Freud kommt zu dem Schluss, dass die Lebenstriebe »der Absicht der anderen Triebe, welche durch die Funktion zum Tode führt, entgegenwirken« (ebd., S. 43) und hält fest, dass sich »ein Gegensatz zwischen ihnen [Lebenstrieben] und den übrigen [Todestrieben]« (ebd.) zeigt. Die Dynamik dieses Zusammenspiels stelle sich wie ein »Zauderrhythmus im Leben der Organismen« (ebd., S. 44) dar, in der »die eine Triebgruppe nach vorwärts [stürmt], um das Endziel des Lebens möglichst bald zu erreichen, die andere schnellt an einer gewissen Stelle dieses Weges zurück, um ihn von einem bestimmten Punkt an nochmals zu machen und so die Dauer des Weges zu verlängern« (ebd.).

Freud bezeichnet den Todestrieb 1923 als »im Wesentlichen stumm« (S. 275). Außerdem wirke der Todestrieb still im Unbewussten und könne weder bewusst noch unbewusst repräsentiert werden und demnach, wie Christine Kirchhoff schreibt, »keine psychische Repräsentanz haben« (Kirchhoff, 2013, S. 70). Eine Ausnahme liege darin, es von dem Sexualtrieb, der Libido ausgehend zu denken: »Wenn er sich äußert, dann nur vermischt mit der Libido, der allerdings genauso repräsentiert werden muss« (ebd.). Demzufolge steht eine Übersetzung in psychologische Begriffe aus. Doch, wenn sowohl Todestrieb und Libido *»ins psychologische übersetzt werden müssen«* (ebd. [Hervorh. i. Orig.]), so Kirchhoff, dann deshalb, »damit sie eine artikulierbare Form erhalten, heißt dies auch, dass *sie sich ins Psychologische übersetzen müssen*, sich als psychologisch äußern müssen, um sichtbar zu sein« (ebd. [Hervorh. i. Orig.]). Udo Hock formuliert eine mögliche Übersetzung mit der Betonung, dass der Todestrieb eine unmögliche »Reinkultur« (Hock, zit. n. Kirchhoff, 2013, S. 70) sei, welche sich »insbesondere als Traum von einem störungsfreien Leben« (ebd.) ausdrückt. So lässt sich der Todestrieb auch als *unbewusster Wunsch* verstehen. Damit erhält Freuds Wunschkonzeption nach den grausamen Erlebnissen des Ersten Weltkrieges eine *nachträglich* andere Bedeutung. Der Wunsch kehrt wieder als Todestrieb: »Unter dem Eindruck des Ersten Weltkrieges sieht Freud das destruktive Potenzial, das das Fortbestehen eines auf schnellste Abfuhr dringenden Wunsches impliziert, während er zu Zeiten der Wunschtheorie die subjektkonstitutive Produktivität des Wünschens in das Zentrum seiner Überlegungen stellt« (Kirchhoff, 2011, S. 105). Der Wunsch überlebt in Form des Todestriebs. Dies geschehe unter völlig anderen Vorzeichen, da der Wunsch, der den psychischen Apparat antreibt, in der Neuinterpretation des Wunsches von Freud, zu einer zerstörerischen Kraft wird. Diese destruktive Kraft mache jedes Leben von Anfang an zum Überleben und lässt jede gefundene Befriedigung nur als Hindernis auf dem kürzesten Weg zum angestrebten Tod gelten (ebd.). So könne sich der Todestrieb nach Laplanche und Pontalis (1973) auch »sekundär nach außen« (S. 494) richten und dann »in Form des Aggressions- und Destruktionstriebes« (ebd.) auftreten. Dabei wirke der Todestrieb als »Aggression gegen alles, *was hemmt*, nach innen und nach außen, alles, was der kompletten Abfuhr entgegensteht, was aufschiebt, was stört« (Kirchhoff, 2011, S. 111 [Hervorh. S. T.]).

1930 veröffentlicht Freud seine kulturtheoretische Schrift *Das Unbehagen in der Kultur*. In dieser bekräftigt und erweitert er seine dualistische Triebtheorie, die er bereits zehn Jahre zuvor, 1920, in *Jenseits des Lustprinzips*, entwickelt hat. Den Blick auf die Zivilisationsgeschichte der Menschheit gerichtet, beschreibt Freud (1930) nun Kulturentwicklung als »Kampf zwischen Eros und Tod, Lebenstrieb und Destruktionstrieb« (S. 481). Dieser Kampf sei der »wesentliche Inhalt des Lebens überhaupt und darum ist die Kulturentwicklung kurzweg zu bezeichnen als der Lebenskampf der Menschenart« (ebd.). Kultur, was Freud gleichbedeutend mit Zivilisation verwendet, sei nach seiner Auffassung wesentlich auf Triebverzicht aufgebaut und ohne diesen nicht vorstellbar; Kultur habe »gerade die Nichtbefriedigung (Unterdrückung, Verdrängung oder sonst etwas?) von mächtigen Trieben zur Voraussetzung« (ebd., S. 467). Dadurch entstehe ein permanentes Gefühl von Verzicht, Versagung und Aufgabe individueller Freiheiten, was zu einer allgemein verbreiteten Kulturfeindschaft führe, welche »das große Gebiet der sozialen Beziehungen der Menschen [beherrscht]; wir wissen bereits, sie ist die Ursache der Feindseligkeit, gegen die alle Kulturen zu kämpfen haben« (ebd.). Daher werde die Zahl der Menschen, die als »Kulturgehorsam« (Freud, 1915, zit. n. Kirchhoff, 2013, S. 72) bewertet wird, erheblich überschätzt (ebd.). Durch Triebverzicht der Libido komme es zu neurotischen Erkrankungen, dabei wird gleichzeitig der andere Trieb, der Todestrieb mit seiner Tendenz zur Zerstörung, mitgehemmt (Freud, 1930). Der Druck der Kultur, so Freud (1915), erzeugt zwar keine »pathologische[n] Folgen, äußert sich aber in Charakterverbildungen und in der steten Bereitschaft der gehemmten Triebe bei passender Gelegenheit zur Befriedigung durchzubrechen« (S. 335). So warnt er eindrücklich vor dem Moment des gefährlichen Durchbruchs mit der bekannten Phrase des römischen Dichters Plautus, »Homo homini lupus«, und beschreibt den Wolf im Menschen, das Monströse im Kulturmenschen:

> »Diese grausame Aggression wartet in der Regel eine Provokation ab oder stellt sich in den Dienst einer anderen Absicht, deren Ziel auch mit milderen Mitteln zu erreichen wäre. Unter ihr günstigen Umständen, wenn die seelischen Gegenkräfte, die sie sonst hemmen, weggefallen sind, äußert ssie sich auch spontan, enthüllt den Menschen als wilde Bestie, der die Schonung der eigenen Art fremd ist« (Freud, 1930, S. 471).

Wirkt der Todestrieb in *Jenseits des Lustprinzips* vor allem noch stumm im Inneren, spricht Freud in *Das Unbehagen in der Kultur* nun von zwei

Äußerungsformen des Todestriebes: die nach innen gerichtete Tendenz zur Selbstvernichtung sowie die nach außen gerichtete Aggression als »Destruktionstrieb« (ebd., S. 480). So ist »dieser Aggressionstrieb der Abkömmling und Hauptvertreter des Todestriebes« (ebd., S. 481). Bleibt die Frage, welcher Mittel sich die Kultur noch bedienen kann, um die »wilde Bestie« im Zaum zu halten und die vorhandene Destruktionskraft zu kontrollieren, oder wie Freud fragt, sie »vielleicht auszuschalten«. Er entwickelt hier den Gedanken des Gewissens. Das Gewissen entstehe dadurch, dass die eigentlich nach außen dringende Aggression introjiziert und »dorthin zurückgeschickt [wird], woher sie gekommen ist, also gegen das eigene Ich gewendet« (ebd., S. 482) werde. Ein Anteil des Ichs übernehme nun die Aggression, »das sich als Über-Ich dem übrigen entgegenstellt, und nun als ›Gewissen‹ gegen das Ich dieselbe strenge Aggressionsbereitschaft ausübt, die das Ich gerne an anderen, fremden Individuen befriedigt hätte« (ebd.). Die dadurch entstandene Spannung zwischen dem rigorosen Über-Ich und dem von ihm unterworfenen Ich nennt Freud das *Schuldbewusstsein*. Dieses drücke sich als Strafbedürfnis aus. Somit bewältigt die Kultur die Lust des Individuums an der Zerstörung, »indem sie es schwächt, entwaffnet und durch eine Instanz in seinem Inneren, wie durch eine Besatzung in der eroberten Stadt, überwachen läßt« (ebd., S. 483). Es sei also das Gewissen oder das unermesslich steigende »Schuldgefühl«, wie Freud (ebd.) es folgend bezeichnet, das es ermöglicht, den Todestrieb bzw. die Zerstörungskraft zu kontrollieren. Es bleibt die Frage offen, warum das Ich überhaupt bereit ist, sich der Kontrolle und der Strenge und Grausamkeiten des Über-Ichs zu unterwerfen.

In diesem Zusammenhang weist Freud (1930) auf die unvermeidliche Abhängigkeit des Individuums von der Gesellschaft hin. Er beschreibt eine *soziale Angst*, welche sich bei dem Kind noch durch die Angst vor dem Liebesverlust der Eltern ausdrücke und die sich nun, vermittelt durch das Über-Ich, als Angst vor Verlust und Strafe »der schutzbietenden Gemeinschaft« (ebd., S. 484) äußere. Dabei versuche das »Kultur-Über-Ich« (ebd.) alles aufzubieten, um den Destruktionstrieben Einhalt zu gebieten. Doch all die Ge- und Verbote und die drastischen, verinnerlichten Sanktionsdrohungen böten keine Sicherheit: Die gehemmten Triebe neigten zum Durchbruch, wenn sich ihnen die Gelegenheit dazu biete.

Im Zusammenhang mit Freuds Gedanken aus *Das Unbehagen in der Kultur* wird auch oft von seiner vierten Angsttheorie gesprochen. So argumentiert ebenfalls Angelika Ebrecht-Learmann (2014), »dass es sich bei dem Unbehagen in der Kultur um Angst handeln muss, [das] ergibt sich daraus, dass die gegen das Ich gerichtete Aggressivität eine Verfolgungssituation erzeugt – und mit ihr auch Angst« (ebd., S. 35). Demzufolge trete nun die Furcht vor der »Destruktion der Beziehungen zu anderen Menschen und vor allem zu den inneren, im Über-Ich verankerten Autoritäten« (ebd.) auf. Paranoide Ängste werden zentral für das Denken von Melanie Klein und ihre Konzeption des Todestriebs.

4.2 *Verfolgung und Vernichtung:* Todestrieb bei Melanie Klein

Melanie Klein (1972) beschreibt in »Zur Theorie von Angst und Schuldgefühl«, dass die Angst vor Vernichtung bereits bei der Geburt zu verorten sei: »Wir können annehmen, daß der Kampf zwischen Lebens- und Todestrieb bereits während der Geburt stattfindet und die durch diese schmerzhafte Erfahrung ausgelöste Verfolgungsangst verstärkt« (S. 132). Das unreife primitive Ich des Säuglings sei gleich nach der Geburt massiver Angst ausgesetzt, welches es mit der ersten Objektbeziehung, der Brust, in Verbindung bringe. Das Erlebnis, dass dem Säugling die Brust entzogen werden könne, habe zur Folge, »daß die äußere Welt, einschließlich des ersten äußeren Objekts, der mütterlichen Brust, feindselig erscheint. Dazu trägt auch die Tatsache bei, daß das Ich destruktive Regungen auf dieses primäre Objekt richtet« (ebd.). Der Todestrieb ist nach Kleins Auffassung unweigerlich mit ihrer Konzeption der Angst zu verstehen. Dabei stellt sich der Todestrieb als psychische Repräsentation dar, die bereits in den unbewussten Fantasien des Neugeborenen vorhanden ist. Diese werde durch eine »angeborene Triebpolarität – den sofort einsetzenden Konflikt zwischen Lebenstrieb und Todestrieb« (ebd., S. 44) – ausgelöst. Somit bestehe die von Freud »beschriebene Ablenkung des Todestriebs nach Melanie Kleins Auffassung teils in einer Projektion, teils in einer Umwandlung des Todestriebs in Aggression« (Segal, 1983, S. 44). Ähnlich wie bei Freuds Konzeption des Todestriebs nimmt Klein (1960) an, dass der Säugling gleich nach der Geburt mit existenziellen Bedürfnissen konfrontiert sei – und ebenso mit Hemmungen, Versagungen und erlebten Störungen, die eigenen Bedürfnisse sofort zu befriedigen. So schreibt Klein (1972): »Ich glaube, daß die primäre Gefahrensituation, die der Aktivität des Todestriebs im Inneren entspringt, von ihm [dem Säugling] als ein überwältigender Angriff, als Verfolgung empfunden wird« (S. 132). Klein nimmt an, dass dem Neugeborenen zwei Reaktionsmöglichkeiten blieben. Es könne entweder eine lebensfördernde Suche nach dem Objekt, der Brust bzw. der Mutter, aufnehmen, welche auch Liebe zum Objekt bedeutet, oder es könne die eigenen Bedürfnisse und das bedürftige Selbst auslöschen (Klein, 1960). Es könne also auch der Wunsch entstehen, das Objekt zu vernichten, das zu den eigenen Entbehrungen geführt habe, und sich dabei primitive Strukturen des Ichs ausbilden. Die beiden Umgangsweisen des Subjektes mit der existenziellen Todesangst verweisen auch auf die frühen Verarbeitungsformen der bereits skizzierten *paranoid-schizoiden* und *depressiven Position* (Segal, 1983).

Nach Kleins Ansicht könne das frühe Ich bereits Angst erfahren, Abwehrmechanismen anwenden und sowohl in Fantasie und Realität primitive Objektbeziehungen herstellen. Dabei unterscheidet sich ihre Auffassung der Konzeption von einem frühen Ich nicht sehr stark von Freuds späten Überlegungen. Freud (1920) beschreibt ebenfalls einen frühen Abwehrmechanismus, »nämlich die Ablenkung des Todestriebs, die mit beginnendem Leben stattfindet« (Segal, 1983, S. 43). Auch die Vorstellung »einer halluzinatorischen Wunscherfüllung« (ebd.) von Freud »setzt ein Ich voraus, das fähig ist eine phantasierte Objektbeziehung herzustellen« (ebd.). Laut Kleins Beobachtungen besitzt das frühe Ich bereits die Tendenz zur Integration, jedoch werde diese unter dem Ansturm des Todestriebs und der damit verbundenen unerträglichen Angstgefühle vorübergehend aufgegeben (ebd.). So komme es zur Desintegration und in den frühsten Entwicklungsstadien überwiege die paranoid-schizoide Position. Wenn das frühe Ich der durch den Todestrieb ausgelösten Vernichtungsangst ausgesetzt werde, versuche es diese abzulenken. Nach Kleins Auffassung besteht die von Freud beschriebene Ablenkung des Todestriebes »teils in Projektion, teils in einer Umwandlung des Todestriebes in Aggression (ebd., S. 44). Dabei spalte sich das Ich. Es »projiziert den Teil, der den Todestrieb enthält[,] nach außen in das äußere Urobjekt – die Brust. So werde die Brust, in der der Säugling einen großen Teil seines Todestriebes enthalten glaubt, als böse empfunden, als eine Gefahr für das Ich« (ebd.). Es entstehe massive Verfolgungsangst. Demnach werde aus der anfänglichen Angst vor den eigenen destruktiven Triebregungen die paranoide Angst vor einem Verfolger. Der Säugling könne so die Fantasie entwickeln, »die Mutterbrust durch den in sie hineingedrängten Todestrieb zu zerstückeln, so daß das Ich sich einer Vielzahl von Verfolgern gegenübersieht.

Der im Selbst verbleibende Teil des Todestriebes wird in Aggression umgewandelt und gegen die Verfolger gerichtet« (ebd.). Projektion und Introjektion sind nach Kleins Auffassung die ersten Abwehrmechanismen, die gegen die massive Angst vor Vernichtung entwickelt werden. Dabei strebe das Ich danach, das gute Objekt zu introjizieren und das Böse zu projizieren. Jedoch können sich diese Vorgänge ebenfalls umdrehen, so könne auch Gutes aus dem Ich projiziert werden, um vor übermächtigen inneren Vernichtungswünschen zu schützen. Andersherum führt Klein (1960) aus, dass das Ich Verfolger introjiziere, um diese dann zu kontrollieren. Sie nimmt an, dass das Kind versuche, den großen Teil des eigenen Zerstörungsdrangs nach außen zu projizieren, um diesen nicht mehr *in sich selbst* spüren zu müssen. So entstehe das Gefühl, es befinde sich im äußeren, jetzt böse gemachten, fantasierten Objekt (Caper, 2000). Dadurch erlebten Kinder den eigenen inneren Hass und Vernichtungswünsche als etwas, das von außen komme, also von Objekten ausgehe. Robert Caper (ebd.) beschreibt diesen Vorgang als Befreiung »von der unerträglichen Angst, von Kräften vernichtet zu werden, die ihrem *Selbst inhärent sind*, und versetzt sie in eine (irgendwie erträglichere) Situation, in der sie sich von außen von gefährlichen, mächtigen und feindlichen Objekten umgeben fühlen« (S. 173 [Hervorh. i. Orig.]). Dabei vollziehe sich noch etwas: »Diese offenbar früheste Abwehrmaßnahme des Ich [die Projektion des Zerstörungsdrangs] legt meiner Meinung nach den Grundstein zur Entwicklung des Über-Ichs« (Klein, 1933, S. 10). Die äußeren Eltern werden also in dem Maße zugerichtet, dass diese »dann durch Introjektion verinnerlicht werden« (Caper, 2022, S. 173) und somit »das strenge, primitive Über-Ich des Säuglings« (ebd.) bilden.

In Situationen der Angst vertiefe sich auch die Spaltung. Und »mit Hilfe von Introjektion und Projektion werden verfolgende und ideale Objekte so weit wie möglich auseinander und dadurch unter Kontrolle gehalten« (Segal, 1983, S. 46). Mit der Aufspaltung verbinde sich eine verstärkte Idealisierung des Idealobjektes. Dieses solle somit von dem Verfolgenden, bösen Objekt ferngehalten werden. Hier komme es zu Formen der omnipotenten Verleugnung, wie Hanna Segal (1983) festhält:

> »Eine derart extreme Idealisierung ist außerdem mit einer magischen, omnipotenten Leugnung gekoppelt. Wird Verfolgung unerträglich, kann sie vollständig geleugnet werden. So eine magische Leugnung beruht auf einer

> phantasierten Totalvernichtung der Verfolger. Eine andere Möglichkeit, omnipotente Verleugnung gegen übermäßige Verfolger einzusetzen, besteht darin, das verfolgende Objekt zu idealisieren und als Ideal zu behandeln« (S. 46).

Melanie Klein veröffentlicht 1946 ihre »Bemerkungen über einige Schizoide Mechanismen«, in denen sie ihre Konzeption der *projektiven Identifizierung* formuliert. Hanna Segal (1983) sieht in der projektiven Identifizierung einen weiteren Abwehrmechanismus, der sich aus der »Urprojektion des Todestriebes entwickelt« (ebd., S. 47). Dabei würden die inneren Objekte und Teile des Selbst abgespalten und in das äußere Objekt projiziert. Dadurch wird das Objekt in Besitz genommen, kann kontrolliert und beherrscht werden. Das Gefühl, das äußere Objekt tatsächlich kontrollieren zu können, funktioniere dadurch, dass in der unbewussten Fantasie die eigenen projizierten Teile in dem Objekt identifiziert würden (ebd.). Robert Caper merkt dazu an: Wenn »man sich in der Fantasie ein Objekt einverleibt, dann fühlt man sich, als sei man ihm irgendwie ähnlich geworden« (Caper, 2000, S. 178). Spaltung, Projektion und Identifizierung sind zusammen unbewusste Fantasien, die, »weil sie als konkret und real erlebt werden, eine tatsächliche Wirkung auf den Zustand und die Entwicklung der Psyche haben. Sie bilden dabei einen Teil der psychischen Realität« (ebd.). Die besondere Funktion bei der projektiven Identifizierung sieht Caper darin, dass im Zuge der »Identifizierung, bei der Erfahrung, die das Subjekt mit dem Objekt macht, wesentlich verändert wird, und zwar durch das, was das Subjekt noch vor oder während des Introjektionsvorgangs in das Objekt projiziert« (ebd.). Dabei zeige sich bei der projektiven Identifizierung, dass die »*psychische Realität* von größerer [oder zumindest von ebenso großer] Bedeutung ist, wie die *materielle Realität*« (Klein, 1946, zit. n. Caper, 2000, S. 178 [Hervorh. S. T.]). Klein geht davon aus, dass die projektive Identifizierung erstmals einsetze, wenn in der Beziehung zur Brust zum ersten Mal eine paranoid-schizoide Position ausgebildet werde. Diese Identifizierung verstärke sich jedoch im Laufe der Entwicklung vom Kind bis zum Erwachsenenalter und werde in pathologischer Form unter Umständen so mächtig, dass in der unbewussten Fantasie sowohl der ganze Mutterleib als auch jedes andere denkbare Objekt in Besitz genommen, verändert, kontrolliert und auch vernichtet werden könne. In diesem Vorgang komme es dazu, dass die wahnhafte Fantasie und Realität miteinander verschmelzen, Fantasie und Wirklichkeit also nicht mehr auseinanderzuhalten sind. Es ist dieser Zustand der paranoid-schizoiden Position, geprägt von paranoiden Verfolgungs- und Verlustängsten sowie einer schizoiden Angst, die zu exzessiven inneren Spaltungsvorgängen führt, die gleichzeitig auch Vernichtungsfantasien gegen die imaginierten Verfolger auf den Plan ruft. Die Fantasie, wer oder was diese Objekte sind, die in diesem Wahnzustand das Ich bedrohen, ist grenzenlos.

4.3 *Triebstruktur und Gesellschaft:* Todestrieb bei Herbert Marcuse

Noch zu Lebzeiten von Freud, in den 1920er Jahren, entsteht die Kritische Theorie als Reaktion auf die gescheiterten proletarischen Revolutionen nach dem Ersten Weltkrieg und die damit verbundene Krise des Marxismus. Zur Erklärung irrationaler Verhaltensweisen, selbst wenn sie zunächst zweckrational erscheinen, »wird das von Freud entdeckte Unbewusste als zentrale Kategorie Marx zur Seite gestellt« (Hawel & Blanke, 2012, S. 20). Insbesondere die kulturtheoretischen Schriften von Freud nehmen für die Auseinandersetzung am 1924 gegründeten Frankfurter Institut für Sozialforschung künftig eine zentrale Rolle ein. So rückt neben »Marx nunmehr auch Freud ins Zentrum der Gesellschaftstheorie« (ebd.). Während Freud keinen Begriff der bürgerlichen Gesellschaft entwickelt hat, zeigt sich in der Marx'schen Theorie nur ein unzureichendes Verständnis des Subjektes der bürgerlichen Gesellschaft. Psychoanalytische und marxistische Theorie, kritische Subjekt- und Gesellschaftstheorie gehören nicht getrennt, sondern zusammengedacht, so lautet fortan die Maxime und der Arbeitsauftrag der frühen Kritischen Theorie. Vor allem in den Werken von Max Horkheimer und Theodor W. Adorno sowie Herbert Marcuse wird die psychoanalytische Theorie ab den 1930er Jahren zentraler Bestandteil. Max Horkheimer geht in seiner 1932 verfassten Schrift »Geschichte und Psychologie« der Frage nach, »warum die Menschen in einer revolutionären Situation, statt die befreiende Tat zu vollziehen, ihren eigenen Henkern: den Faschisten den Weg zur Macht ebnen« (Hawel & Blanke, 2012, S. 37). Nach dem Zweiten Weltkrieg und dem Schrecken des Nationalsozialismus, der industriellen Massenvernichtung von Millionen Jüdinnen und Juden in Europa, setzen sich die im amerikanischen Exil lebenden Theoretiker verstärkt mit Freuds Konzeption des Todestriebes und den damit verbundenen Destruktivkräften auseinander. In dem vermutlich bekanntesten Werk der Kritischen Theorie, *Dialektik der Aufklärung*, zeichnen Horkheimer und Adorno

(1969 [1944]) den destruktiven Charakter nach, der dem Fortschritt der bürgerlichen Gesellschaft inhärent zu sein scheint. Dabei kommen sie »zu nicht weniger als der Erkenntnis« (ebd., S. 1), so Horkheimer in seiner Vorrede zu dem Werk, als dass »die Menschheit, anstatt in einen wahrhaft menschlichen Zustand einzutreten, in eine neue Art von Barbarei versinkt« (ebd.). So verschiebt sich der Fokus in der Kritischen Theorie zunehmend weg von der Frage der gescheiterten Revolutionen hin zu der dialektisch besetzten Aufklärung der bürgerlichen Gesellschaft, in der Fortschritt und vernichtende Destruktionskräfte miteinander verwoben scheinen. Adorno spricht 1968 in seinem Vortrag »Erziehung zur Entbarbarisierung« davon, »daß nämlich im Zustand der höchstentwickelten technischen Zivilisation die Menschen in einer merkwürdig ungeformten Weise hinter ihrer eigenen Zivilisation zurückgeblieben sind [...], daß sie erfüllt sind von einem primitiven Angriffswillen, einem primitiven Haß oder, wie man es gebildet nennt Destruktionstrieb« (Adorno, 1979, S. 120).

Der ebenfalls zu den prominenten Vertretern der Kritischen Theorie gehörende Herbert Marcuse veröffentlichte 1955 das bekannte Werk mit dem Titel *Eros and Civilization.*[3] Der Essay ist eine Auseinandersetzung mit Freuds Gedanken aus *Das Unbehagen in der Kultur.* Marcuse (1965) schreibt in der Einleitung, sein Anliegen sei es, »zur *Philosophie* der Psychoanalyse beizusteuern – nicht zur Psychoanalyse selbst« (S. 13), und damit besser zum Verständnis über die »allgemeinen Zerrüttungen« (ebd.) der Gesellschaft beizutragen. Hier werden einige der zentralen Thesen aus dem Werk herausgearbeitet und im folgenden Kapitel mit den psychischen Reaktionsweisen und Abwehrvorgängen im Umgang mit der Klimakrise in Beziehung gesetzt. Denn, denkt man ausschließlich subjekttheoretisch über den Zusammenhang von Todestrieb und Klimakrise nach, erscheint die Frage, »ob die Verinnerlichung von Ge- und Verboten gelingt, oder nicht« (Kirchhoff, 2013, S. 73), als »Schicksal des Einzelnen«. Erst im Zusammendenken von Subjekt- und Gesellschaftstheorie, in Einbeziehung der gesellschaftlichen Konstitutionsbedingungen, kann der aggressive Durchbruch des Todestriebs nach außen, die zerstörerische Kulturfeindschaft »in der Kultur selbst« (ebd.) als »kulturell hergestellter Mangel« herausgearbeitet werden.

3 Der Text erschien 1957 erstmalig auf Deutsch unter dem Titel *Eros und Kultur* im Klett-Verlag. Der Suhrkamp-Verlag veröffentlichte 1965 die Übersetzung von 1957 jedoch mit dem veränderten Titel *Triebstruktur und Gesellschaft.* Daraus wird auch folgend zitiert.

Herbert Marcuse (1965) weist darauf hin, »daß *allen* historischen Formen des Realitätsprinzips in der Kultur eine verdrängende (unterdrückende) Organisation der Triebe zugrunde liegt« (S. 39 [Hervorh. i. Orig.]), Freud jedoch nicht herausgearbeitet habe, dass die »äußere Welt, der das wachsende Ich sich gegenübersieht, in jedem Stadium eine *spezifisch-historische Organisation* der Wirklichkeit dar[stellt], die die psychische Struktur durch spezifische gesellschaftsbildende Organe oder Kräfte beeinflusst« (ebd. [Hervorh. S. T.]). Nach der Freud'schen Vorstellung bildet das Realitätsprinzip ein Paar mit dem Lustprinzip, wobei das Realitätsprinzip das Lustprinzip modifiziert. Die Suche nach »Befriedigung geht nicht mehr auf den kürzesten Weg vor sich, sondern schlägt Umwege ein und schiebt ihr Ergebnis aufgrund von Bedingungen auf, die durch die Außenwelt auferlegt werden« (ebd., S. 38). Nach Freud steht hinter dem Realitätsprinzip zwar die fundamentale Wirklichkeit der Ananke, der Lebensnot (Freud, 1930), jedoch sei die Schlussfolgerung irreführend, so Marcuse (1965), wenn »sie der brutalen *Tatsache* der Lebensnot etwas zuschreibt, was in Wirklichkeit die Folge der spezifischen Organisation der Not und der spezifischen Daseinshaltung ist, die durch diese Organisation erzwungen wird« (S. 40 [Hervorh. i. Orig.]).

Marcuse führt zwei neue Begriffe ein, die diese »spezifische sozio-historische Komponente bezeichnen« (ebd.) sollen. Zum einen *zusätzliche Unterdrückung*, die notwendig geworden ist, durch die Beschränkungen, die mit der »sozialen Herrschaft« (ebd.) einhergehen. Diese Beschränkungen »unterscheiden sich von der (Grund-)Unterdrückung, der Triebmodifizierung, die für das Fortbestehen« (ebd.) der Menschheit unerlässlich sei. Demnach werde Herrschaft immer von bestimmten Gruppen oder Einzelnen ausgeübt und sei damit verbunden, dass diese eine bessere Stellung und mehr Macht in der Gesellschaft erhalten. Das schließt, so Marcuse, zunächst Fortschritt – ob technisch, materiell, intellektuell – nicht aus, jedoch bleiben »Lebensnot, der Mangel und die Beschränkung« (ebd.) weiter bestehen. Der durch den Stand der Produktivkraftentwicklung jedoch offensichtlich irrational gewordene Mangel in der kapitalistischen Gesellschaft führe dazu, dass historisch spezifische Formen der »Kontrollausübungen zur Macherhaltung« (ebd., S. 42) etabliert werden. Es sei diese zusätzliche Überwachung und Kontrolle, die nur dazu diene, die Herrschaftsform zu sichern, die Herbert Marcuse mit *zusätzlicher Unterdrückung* bezeichnet. Denn

> »während jede Form des Realitätsprinzips ein beträchtliches Maß an unterdrückender Triebkontrolle fordert, führen die spezifischen historischen Institutionen des Realitätsprinzips und die spezifisch historischen Interessen der Herrschaft zusätzliche Kontrollausübungen ein, die über jene hinausgehen, die für eine zivilisierte menschliche Gemeinschaft unerläßlich sind« (ebd.).

Der zweite Begriff, den Marcuse einführt, ist das *Leistungsprinzip*, welches die »vorherrschende historische Form des Realitätsprinzips« (ebd., S. 40) sei. Das für alle historischen Formen geltende Realitätsprinzip werde ersetzt durch eine auf Konkurrenz und Wettstreit ausgerichtete Gesellschaft, in der eine rationalisierte »Kontrolle über soziale Arbeitsleistung« (ebd., S. 49) waltet und die Interessen der Herrschaft darauf eingestellt seien, einen auf »Profit orientierten Produktionsapparat« zu etablieren (ebd.). Die Beschränkungen, die mit der *zusätzlichen Unterdrückung* einhergehen, und das Vorherrschen des *Leistungsprinzips*, das mit der Entfremdung der Arbeit zusammenhängt, führen zu einer Zurückweisung des Lustprinzips: »Die Libido wird auf sozial nützliche Leistung abgelenkt, bei denen das Individuum nur insofern für sich selbst schafft, als es für den Apparat arbeitet, wobei es Tätigkeiten auszuüben hat, die meist nicht mit seinen eigentlichen Fähigkeiten und Wünschen übereinstimmen« (ebd.). Die Lohnarbeit, die einen Großteil des Lebens ausmacht, sei »eine leidvolle Zeit, denn entfremdete Arbeit bedeutet das Fehlen der Befriedigung, die *Verneinung des Lustprinzips*« (ebd. [Hervorh. S.T.]) Das Gleichgewicht zwischen Lebenstrieb und Todestrieb, welches immer schwankend und gefährdet sei, scheine durch diese gesellschaftliche Organisationsform »bis auf den Gefahrenpunkt hinaus gelockert zu werden« (ebd.). So wird die kulturelle Aufgabe, die der Libido eigentlich zukommt, »den destruierenden Trieb unschädlich zu machen« (Freud, 1924b, S. 376), laut Marcuse zunehmend geschwächt. Dadurch komme es zu der *tödlichen Dialektik* der Kultur: »Die Kultur fordert fortgesetzte Sublimierung; dadurch schwächt sie den Eros, den Errichter der Kultur [...]. So ist die Kultur von einer Trieb-entmischung bedroht, in der der Todestrieb danach strebt, die Oberhand über den Lebenstrieb zu gewinnen« (Marcuse, 1965, S. 85). Dem Triebverzicht entsprungen und erst unter der kapitalistischen Herrschaft des Leistungsprinzips und des fortschreitenden Triebverzichts sich entwickelnd, »neigt die Kultur zur Selbstzerstörung« (ebd.). Auch wenn sich bei Freud die Vorstellung finden lässt, dass die Lebensnot kulturell hergestellt werde und nicht zwangsweise als Eigenschaft von Kultur *an sich* verewigt sein müsse, er den Mangel demnach zumindest auch an historischen und gesellschaftlichen Bedingungen festmacht, lässt sich im Hinblick auf sein Gesamtwerk dennoch festhalten, dass Freud in der sozialen und materiellen Entbehrung faktisch ein Naturgesetz sieht – und gleichzeitig den »Hauptmotor in der Kulturentwicklung« (Kirchhoff, 2014, S. 52). Der Kampf gegen Mangel ist bei Freud ewige Bedingung, Marcuse schreibt dies dagegen in großen Teilen der kapitalistisch verfassten Herrschafts- und Gesellschaftsform zu.

Die Frage, ob der heutige Kulturzustand tatsächlich zerstörerischer ist als in der Vergangenheit, ist für Marcuse dabei nicht relevant. Vielmehr lasse sich der Grad der heutigen Destruktivität in ihrer ganzen Bedeutung messen, »wenn man die Gegenwart nicht in Begriffen verflossener Stadien, sondern in den Begriffen ihrer eigenen Möglichkeiten« (ebd., S. 103) bewertet. Das Ergebnis ist dann ein Unterschied ums Ganze, wenn dieser darin liege, »ob technische Erfindungen, die die Welt vom Leid befreien könnten, für Eroberungen oder die Schaffungen von Leiden verwendet werden; [...] ob Flüchtlinge jenseits der Grenzen Obdach finden können, oder rings um die Erde gejagt werden« (ebd.). Die zur Erhaltung und Stabilisierung der sozialen Herrschaft notwendige *zusätzliche Unterdrückung* der Subjekte und das etablierte *Leistungsprinzip*, was zu einer permanenten Konkurrenz zwischen den Subjekten führe, diene vor allem einem Zweck: der Aufrechterhaltung eines profitorientierten Produktionsapparates.

Die theoretischen Überlegungen von Herbert Marcuse sind ein Versuch, kritische Subjekt- und Gesellschaftstheorie zusammen zu denken; ein Bemühen, das zum Verständnis beitragen soll, warum den gegenwärtigen gesellschaftlichen Verhältnissen eine Tendenz der Barbarisierung innewohnt. Die skizzierten Angst- und Todestriebtheorien werden im nächsten Kapitel mit den psychischen Reaktionsweisen auf die Klimakrise in Beziehung gesetzt. Dabei stellen sich insbesondere diese Fragen: Welche Abwehrmechanismen folgen auf unbewusste Ängste? Wo kann ein Durchbruch des Todestriebes in seiner destruierenden Form gedeutet werden? Wann und wie schlagen Todes- und Vernichtungswünsche in rohe Gewalt gegen Mensch und Natur um? Denn, so hat Marcuse (1965) bereits konstatiert: Unter der Herrschaft des Leistungsprinzips und der Dominanz des Todestriebs wird die »Natur buchstäblich vergewaltigt«.

5 Psychopathologie der Klimaleugnung

Ohne sich auf die Religionskritik von Marx zu beziehen, nimmt Freud (1927) in *Die Zukunft einer Illusion* eine ähnlich polemische und fundamentalkritische Position zum Glauben ein. Religiöse Vorstellungen beschreibt er als Wunscherfüllungsfantasien, »die sich als Lehrsätze ausgeben« (S. 133); sie seien »nicht Niederschläge der Erfahrung oder Endresultate des Denkens«, sondern »Illusionen, Erfüllungen der ältesten, stärksten, drängendsten Wünsche der Menschheit« (ebd.). Im Geist der radikalen Aufklärung schreibt Freud, für die Gesellschaft wäre es ein »Vorteil, Gott überhaupt aus dem Spiel zu lassen« (ebd., S. 144). Anstatt das Heil in der Religion zu suchen, plädiert er für Vernunft und Wissenschaft, die fortschreitende Kulturentwicklung, in der er die einzige Möglichkeit sieht, dass der Mensch sich von seiner Ohnmacht emanzipieren und eine bessere Zukunft gestalten könne. Denn nach wie vor scheinen für Freud die Naturgewalten übermächtig:

> »die Elemente, die jedem menschlichen Zwang zu spotten scheinen, die Erde, die bebt, zerreißt, alles Menschliche und Menschenwerk begräbt, das Wasser, das im Aufruhr alles überflutet und ersäuft, der Sturm, der es wegbläst […]. Mit diesen Gewalten steht die Natur wider uns auf, großartig, grausam, unerbittlich, rückt uns wieder unsere Schwäche und Hilflosigkeit vor Augen, der wir uns durch die Kulturarbeit zu entziehen gedachten« (Freud, 1927, S. 336).

Mit den von Freud vor fast genau 100 Jahren beschriebenen Naturgewalten lassen sich die Bilder gegenwärtiger Naturkatastrophen leicht ins Gedächtnis rufen. Doch heute ist den beständig wiederkehrenden ökologischen Verwüstungen gemein, dass sie bereits als Folgen des Klimawandels zu begreifen sind. Im Gegensatz zu den Beschreibungen von Freud sind es nicht die Elemente selbst, »die dem menschlichen Zwang zu spotten scheinen« (ebd.), sondern es ist das *Klima des Kapitals*, das die Elemente »in Aufruhr« bringt. Joseph Dodds (2020) verweist darauf, dass bei Elementarkatastrophen die Umwelt, das Ökologische, zu etwas Unheimlichem werde, und spricht so vom *ökologischen Unheimlichen*. Kommt es zu Naturkatastrophen, werde die stabil geglaubte »Umwelt«, die Natur, zum Unruhepol und das Vertrauen in die sicher geglaubte eigene Umgebung, die »heile Welt«, breche zusammen – gerade dann, wenn das Subjekt verstehe, dass es in die katastrophalen Ereignisse selbst verstrickt sei und sie direkt oder indirekt mit herbeigeführt haben könnte (ebd.). Der Klimawandel repräsentiert nach Dodds »the unthinkable« und impliziert die Angst nicht nur vor dem eigenen Tod, sondern darüber hinaus auch vor dem Aussterben der Menschheit.

Mit dem heutigen Wissen um die zerstörerischen Folgen des Klimawandels erscheint die Befürchtung von Freud (1930), dass die Menschen es mit der Beherrschung der Naturgewalt so weit gebracht hätten, »daß sie es mit deren Hilfe leicht haben, einander bis auf den letzten Mann auszurotten« (S. 506), erschreckend aktuell. Kultur beschreibt Freud als antagonistische Entwicklung der Menschheit, in der der Lebenstrieb und der Todestrieb im permanenten Wettstreit um die »Weltherrschaft« (ebd., S. 481) stünden. Er schildert dies auf dramatische Weise: »Dieser Kampf ist der wesentliche Inhalt des Lebens überhaupt und darum ist die Kulturentwicklung kurzweg zu bezeichnen als der Lebenskampf der Menschenart« (ebd.). Die Errungenschaften des zivilisatorischen Fortschritts stellt er in *Das Unbehagen in der Kultur* nicht grundsätzlich infrage, merkt jedoch an, sie hätten die Menschen nicht glücklicher gemacht.

Es stellt sich die Frage, wie sich dieser Konflikt heute, fast 100 Jahre nach dem Erscheinen der Schrift, ausdrückt. Der von Freud als selbstermächtigter »Prothesengott« (ebd., S. 451) beschriebene Kulturmensch habe sein Stück Glück gegen »ein Stück Sicherheit eingetauscht« (ebd., S. 474). Heute sind die »Hilfsorgane«, die technischen Möglichkeiten, die die Gottähnlichkeit des Menschen nach Freud erst ausmachen, um ein Vielfaches gestiegen. Doch im Angesicht der Klimakrise und ihrer bereits sichtbaren verheerenden Folgen sowie der sich damit verschärfenden Konflikte und globalen Verteilungskämpfe scheint auch das Stück Sicherheit, das gegen Triebverzicht, also den Verzicht auf Glück, eingetauscht wurde, sich nicht einzulösen. Der Prothesengott bekommt die Flügel gestutzt, er soll nicht mehr fliegen, sondern verzichten auf all die Dinge, die die Kulturentwicklung, die kapitalistische Produktivkraftentwicklung, mit sich gebracht hat, und sich anpassen an die *neue ökologische Realität*. Überall ist Triebverzicht und doch keine Sicherheit in Sicht. Das ist die Situation, aus der heraus das gegenwärtige Unbehagen in der Kultur, das Phänomen der »Unruhe« der Menschen, »ihres Unglücks, ihrer Angststimmung« (ebd.), gedeutet werden kann. »Das Bewusstsein des spätmodernen Menschen«, schreibt Hans-Joachim Busch (2020), »muss damit klarkommen, dass ihm nun auch dieses bequeme Aggressionsventil (Fliegen, Fahren, Verbrauchen, Ausbeuten ...) entzogen wird. Statt sein Unbehagen mildern zu können, hat sein Tun für eine Verschärfung gesorgt« (ebd., S. 3). Busch bezeichnet dies auch als das »Unbehagen zweiten Grades«: Der Mensch wisse nun erst recht nicht mehr, wohin mit seinem Hass.

Die innerpsychischen Reaktionsweisen auf die Klimakrise können nicht ohne die gesellschaftlichen Verhältnisse, aus denen sie erwachsen, betrachtet werden. Kommt es zu massiver Angstabwehr und zum Durchbruch von Aggressionen in die Außenwelt, so ist gleichzeitig nach den gesellschaftlichen Konstitutionsbedingungen von Gewalt zu fragen. Und wie es die Psychoanalytikerin Christine Kirchhoff (2011) formuliert, sind die subjektiven Bedingungen »erst dann etwas, mit dem man sich in gesellschaftskritischer Hinsicht auseinanderzusetzen hat, wenn festgestellt werden kann, dass die Menschen sich die Verhältnisse zu eigen machen, statt sie zu bekämpfen«.

Die Psychopathologie der Klimaleugnung, so meine These, drückt sich in zwei unterschiedlichen, aber miteinander verbundenen Formen aus. Eine Form der Verleugnung der Gefahren des Klimawandels ist gerade deshalb so resistent, weil der wissenschaftlichen Faktenlage nicht widersprochen wird. Verleugnung tritt in diesem Zusammenhang in Form von Abwehrmechanismen wie Omnipotenzfantasien, Fetischisierung und Entwertung auf. Denkt man über die Hoffnungen, die sich mit dem Einsatz von Geoengineering verbinden, ausgehend von Melanie Kleins Beschreibung der omnipotenten Verleugnung nach, könnte man sie als einen fetischistischen Technik-Utopismus deuten, der sich durch die *Projektion* auf eine *rettende technische Entwicklung* in Form eines idealisierten, guten Objektes ausdrückt. Die Folge ist, dass Maßnahmen gegen eine weitere CO_2-Belastung der Erdatmosphäre in letzter Konsequenz für nicht notwendig gehalten werden; die Gefahr des Klimawandels kann somit relativiert werden (Weintrobe, 2023; Habibi-Kohlen, 2021; Malm, 2023).

Bei dem zweiten Phänomen wird die Gefahr des Klimawandels, ja sogar der Klimawandel *an sich* geleugnet (Habibi-Kohlen, 2019; Weintrobe, 2023). Dabei offenbart sich eine starke Tendenz zu autoritären Dynamiken und Verschwörungstheorien: Eine globale Erderwärmung gebe es demnach nicht, wer anderes behaupte, gelte als Opfer einer Konspiration globaler Eliten (Küpper et al., 2023; Decker et al., 2022).

In Anlehnung an den von Freud in *Massenpsychologie und Ich-Analyse* (1921) beschriebenen kollektiven Wahn erörtere ich, wie es dabei zu einer regressiven Massenbildung kommt. In ihrer Eigenschaft als kollektives Über-Ich wird die Gruppe zu einem Gruppen-Ich zusammengeschweißt und im Vorgang der »Schiefheilung« (ebd., S. 159) die innere Angst in Aggression umgewandelt. Dabei kommt es, ähnlich wie auch schon während der Coronapandemie zu beobachten, zu kollektiven »Abgrenzungs- und Feindbildungsprozesse[n]« (Brunner et al., 2022, S. 388); die Bilder der Anderen, der ausgemachten Feinde, »ermöglichen [eine] projektive Verortung verdrängter Regungen und erlauben die Artikulation sonst verpönter Aggressionen« (ebd.). Der projizierte Feind wird zum Schwachen erklärt und die »Gefühle eigener Schwäche, Abhängigkeit und Hilflosigkeit« (Habibi-Kohlen, 2021, S. 52) können verdrängt werden. Unbewusste Angstabwehr wie Verleugnung und Spaltung sind vorherrschend. Darin lassen sich auch aggressive Durchbrüche des Todestriebs in die äußere Welt erkennen; es können Vernichtungswünsche auftreten, die sich sowohl in der Ignoranz gegenüber einer weiteren Verwüstung der Natur als auch in einer Bereitschaft zum Angriff auf den projizierten Feind ausdrücken.

Denkt man beide Phänomene zusammen, dann erscheinen die hasserfüllten Klimaleugner und Verschwörungstheoretikerinnen nicht mehr als Ausnahme, sondern als Speerspitze einer konformistischen Rebellion. Mit Freud (1924a) könnte man beide Reaktionsweisen deuten als »Ausdruck der Rebellion des Es gegen die Außenwelt, seiner Unlust oder, wenn man will, seiner sich der realen Not, der Ανάγκη, anzupassen« (S. 365). Ob durch den Glauben an den rettenden *Technofix* oder an die *Klimalüge*: In beiden Vorgängen wird die Realität verleugnet und versucht, »sie zu ersetzen« (ebd.), wie im Folgenden gezeigt werden soll.

5.1 Es lebe der Prothesengott: Technik als Illusion

Die American Psychological Association (APA) erkennt »Klimaangst« bereits als chronische Angst vor einer ökologischen Katastrophe an. Die

Symptombildung reicht von »leichtem Stress bis hin zu klinischen Depressionen, Angstzuständen, posttraumatischen Belastungsstörungen und Suizid« (Dodds, 2021, S. 222). Das Interesse an »Klimapsychologie« hat in den letzten Jahren im medialen Diskurs und im Wissenschaftsbetrieb stark zugenommen. Der Hauptfokus liegt dabei vor allem darauf, »die Möglichkeiten und Hindernisse *individueller* Verhaltensänderungen (insbesondere Konsum) zu analysieren« (Ester & Koch, 2023, S. 309). Neben der Frage, was Anreize für Individuen sein könnten, sich umweltfreundlicher zu verhalten, steht auch das Thema Resilienz ganz oben auf der Liste vieler sogenannter Klimapsychologinnen.

Aus einer psychoanalytischen Perspektive scheint dagegen vor allem die Frage von Interesse, welche Affekte die bedrohlichen Szenarien des Klimawandels im Subjekt auslösen und welche Abwehrmechanismen dagegen mobilisiert werden. Dass die Folgen der globalen Erderwärmung Realangst auslösen, ist zunächst einmal nicht weiter bemerkenswert; es wäre umgekehrt eher die Frage zu stellen, warum dies nicht der Fall sein sollte. Doch bereits der Prozess der Realitätsprüfung, in dem es darum geht, die Beobachtung des Außen von dem zu trennen, was zu der inneren Erregung geführt hat, »das heißt das Bild der Außenwelt von unserem *wishful thinking* bzw. unseren neurotischen Projektionen und Ängsten« (Ottomeyer, 2022, S. 132) zu unterscheiden, scheint nicht zu gelingen. Paul Hoggett (2019) nimmt an, dass die durch die Klimakrise ausgelösten unbewussten Ängste für die einzelnen Subjekte so verunsichernd und die Gefühle so schwer auszuhalten seien, dass eine massive Abwehr einsetze. Habibi-Kohlen (2019) spricht in diesem Zusammenhang von einer Spirale aus »Angst, Schuld und Abwehr« (S. 36), die verbunden sei mit einem »unbewusste[n] Schuldgefühl sowie der Angst vor Vergeltung« (ebd.). Dass Schuld und Angst zusammen auftreten, lässt sich aus der Erkenntnis der eigenen Verstrickung in die ökologische Krise herleiten und mit der von Freud (1926) beschriebenen »unbestimmten sozialen oder Gewissensangst« (S. 169) in Verbindung denken.

Es ist die Gewissensangst, die auch in den Gedanken bei Melanie Kleins Angsttheorie eine große Rolle spielen. Durch Affekte wie Schuld, Enttäuschung und Versagung könne »das Schreckgespenst eines mißgünstigen und unentrinnbaren bösen Objekts« (Caper, 2000, S. 177) geweckt werden. Das böse Objekt wird zum Verfolger, die Angst vor Vernichtung kann ins Unermessliche steigen. In der von Klein beschriebenen *paranoid-schizoiden* Position bestehe die größte Angst darin, dass »das verfolgende

Objekt […] in das Ich eindringen und […] auch das Selbst überwältigen und vernichten« (Segal, 1983, S. 46) könne. In Bezug auf den Klimawandel könnte man die »Mutter Erde«, die ursprünglich als versorgendes Objekt in der Fantasie erlebt wurde, nun mit ihren Naturgewalten als ein verfolgendes, rächendes Objekt verstehen. Bei einer schwachen Ich-Funktion kommt es nach Klein zwangsläufig zu einem permanenten Gefühl des Überwältigtwerdens. Die Folge seien paranoide Todesängste vor Verschlingung, Zerstückelung oder Verhungern (Klein, 1960). Demnach wäre anzunehmen: Je unsicherer und krisenhafter die äußere Lebenswelt erscheint, desto verunsicherter kann das gerade auf Subjekte wirken, die nur über ein schwaches, desintegriertes Ich verfügen; umso häufiger und stärker können paranoide Ängste und Spaltungsprozesse wieder auftreten.

Die Psychoanalytikerinnen Delaram Habibi-Kohlen (2022) und Sally Weintrobe (2023) haben herausgearbeitet, dass Spaltung und Verleugnung als zentrale Abwehrformen gegen die drohenden Folgen des Klimawandels fungieren. Dodds (2020) schreibt: »Responses to ecological crisis include rage, envy, destructiveness, and paranoid attempts at omnipotent control.« Der Psychoanalytiker Hans-Jürgen Wirth beschreibt den gefährlichen Vorgang der Verleugnung in Bezug auf die Klimakrise folgendermaßen:

> »Wer seine Post nicht mehr öffnet, weil er verzweifelt versucht, das finanzielle Desaster zu verleugnen, auf das er unaufhaltsam zusteuert, wird über kurz oder lang mit dem Gerichtsvollzieher Bekanntschaft machen. Und wenn die Menschheit den Klimawandel verleugnet, wird sie eines Tages mit Dürre, Wassermangel, Unwettern, Überschwemmungen und all den dadurch global ausgelösten Krisen konfrontiert sein« (Wirth, 2020).

Mit dem Begriff der Verleugnung hat Freud einen Abwehrmechanismus zu fassen versucht, der sich gegen *die äußere Welt* richtet. Er bestehe in einer »Weigerung des Subjekts […], die Realität einer traumatisierenden Wahrnehmung anzuerkennen« (Laplanche & Pontalis, 1973, S. 595). Die »Abwehrform des Ichs bezieht sich auf die äußere Realität« (ebd., S. 597) und es kommt zur »Verleugnung einer Wahrnehmung« (ebd.). Verleugnung und Spaltung verortet Freud (1924a) in den paranoiden, psychotischen Ängsten. Für Melanie Klein steht Verleugnung als Abwehrmechanismus »mit den Vernichtungsfantasien und einem tatsächlichen Verlust eines Teils des Ichs oder des Objektes« (Hinshelwood, 1993, S. 695) in Verbindung. Mit Blick auf die durch den Klimawandel evozierten Ängste lassen sich beide Formen zusammendenken: In der Fantasie kann die Natur ein böses Objekt als vernichtender Verfolger darstellen, ebenso aber ein gutes Objekt, das durch die fortschreitende Zerstörung die Angst um den tatsächlichen Verlust des Objektes ins Unermessliche zu steigern vermag. In der von Klein dargestellten paranoid-schizoiden Position ist Trauern und das Aushalten von ambivalenten Gefühlen jedoch nicht mehr möglich. Denkt man mit den Kategorien von Klein, kann die massive Abwehr unbewusster Ängste, die infolge des Klimawandels aufkommen, mit Introjektion, Projektion und projektiver Identifizierung gedeutet werden; Triebverzicht und Sublimierung treten in den Hintergrund und können nicht mehr geleistet werden. In der paranoiden Fantasie des Subjekts kann dabei ein zerstörerischer Kreislauf aus Verfolgungs- und Vernichtungsangst vor der Natur, aber auch vor denen, die zum Klimaschutz aufrufen, entstehen. Die verfolgenden Objekte müssen nun abgewehrt werden, in Form von Vernichtungsfantasien und Zurückverfolgung. Das Subjekt verfällt dabei immer mehr in einen wahnhaften Zustand und fühlt sich gleichzeitig innerlich ausgesaugt, leer und kraftlos (Klein, 1946). Freud (1930) beschreibt, dass die durch das strenge Über-Ich in Schach gehaltenen Aggressionen in Form der Projektion ihr legitimes, zu bestrafendes Ziel erreichen können. Verbunden mit der von Melanie Klein (1946) beschriebenen projektiven Identifizierung wird dieser Gedanke zur Erklärung der von den Klimaleugnern projizierten Feindbilder beitragen. Durch den Vorgang der von Klein (1960) dargestellten projektiven Identifizierung könne es jedoch auch umgekehrt zu einer Idealisierung des zuvor verfolgenden Objektes kommen. Ein zentrales Merkmal sei dabei »die Verleugnung der Bedeutung jener Objekte, von denen das Subjekt ganz real abhängig ist« (Hinshelwood, 1993, S. 695). Verleugnung sei, so Klein, zentraler Bestandteil der Idealisierung. Die »bösen Aspekte des Objekts werden ausgeblendet, so daß das gute Objekt völlig makellos erscheint« (ebd.). Die Omnipotenz sei charakteristisch für die manischen Abwehrmechanismen: »Meiner Meinung nach wird die Manie vor allem durch das *Allmachtsgefühl* charakterisiert, in zweiter Linie ist sie […] auf dem Mechanismus der Verleugnung aufgebaut« (Klein, 1935, zit. n. Hinshelwood, 1993, S. 494). Technik, so meine These, kann auch als idealisiertes Objekt erscheinen und so die Illusion einer technischen Lösung der Klimakrise schaffen, die jedoch der Abwehr massiver unbewusster Ängste dient.

5.1.1 Institutionalisierte Verleugnung

Aus einer psychoanalytischen Perspektive stellt sich die Frage, ob und inwiefern sich hinter der Hoffnung auf eine so hochgefährliche, potenziell zerstörerische Technologie wie Geoengineering in Form von Solar Radiation Management unbewusste Wünsche und Fantasien sowie Abwehrmechanismen verbergen könnten und wie sich diese konkret ausdrücken. Meine These ist, dass unbewusste Ängste und das allgemeine Unbehagen in der Kultur mit der Klimakrise zunehmen und damit auch gleichzeitig die Hoffnung wächst, dass neue Technologien entstehen, die das Problem des Klimawandels lösen oder zumindest in den Griff bekommen. Hierin liegt genau die gefährliche Illusion.

Gegenwärtig wäre es sicherlich falsch, in dieser Entwicklung bereits die von Freud (1921) in *Massenpsychologie und Ich-Analyse* beschriebene Möglichkeit einer »Schiefheilung mannigfaltiger Neurosen« (S. 159) zu erkennen. Von einer Massenbewegung oder Hysterie, die zur Bekämpfung des Klimawandels durch unerprobte Technik aufruft, kann keine Rede sein. Treffender scheint in Bezug auf Geoengineering die von Habibi-Kohlen (2019) beschriebene *institutionalisierte Verleugnung*, bei der Individuen, Gruppen oder Institutionen die Realität bestreiten, um bestimmte ökonomische oder politische Ziele zu erreichen: »Lobbyismus zum Beispiel arbeitet mit Verdrehungen und Lügen zur Erreichung seines Ziels, also mit bewusster Manipulation, die organisiert, geplant und institutionalisiert ist« (ebd., S. 41). Das in Deutschland vielleicht bekannteste Beispiel ist der Skandal um den libertären Thinktank Heartland Institute. Mit Millionensummen, die aus Spenden vor allem aus der Fossil-Industrie stammen, hat sich die Denkfabrik die Diskreditierung der Klimaforschung als Hauptziel gesetzt und finanziert weltweit Kampagnen und Influencer, die den Klimawandel leugnen (Joeres & Götze, 2020). Dabei ist ein internationales Netzwerk von Klimawandelleugnern entstanden, das vom Öl-Multi ExxonMobile über konservative US-Milliardäre bis zur AfD in Deutschland reicht (ebd.). Das Gefährliche an der institutionellen Verleugnung ist nach Habibi-Kohlen gerade, dass das Individuum in Angstsituationen die Manipulation, »die Lüge dann unhinterfragt und unbewusst« (ebd.) übernehmen kann. Malm (2023) spricht in diesem Zusammenhang von einer »materialised and institutionalized repression of the climate crisis« (S. 15) und sieht in dieser Form der Verleugnung einen »psychic process at the level of the individual, but above all – on this the literature is in resounding agreement – it is *organised* or *produced*, by material and ideological processes« (ebd. [Hervorh. i. Orig.]). Wie dargestellt, ist Geoengineering keine verrückte Idee von ein paar Tech-Milliardären mit Allmachtsfantasien, die hinter verschlossenen Türen verfolgt wird, sondern mittlerweile fest verankert in der medialen und wissenschaftlichen Debatte, konkretisiert in groß angelegten Forschungsprogrammen von Regierungen und Universitäten sowie Unternehmen, die an der technischen Entwicklung arbeiten. Auch im 6. IPCC-Bericht werden Szenarien mit Geoengineering diskutiert, sollten definierte Klimaziele nicht eingehalten werden (IPCC, 2023). Im Frühjahr 2023 haben 110 Wissenschaftlerinnen und Wissenschaftler in einem offenen Brief dazu aufgerufen, praktische Studien über Solar Radiation Management zu unterstützen (Hiar, 2023). Neben dem früheren NASA-Direktor James Hansen gehören zahlreiche prominente Forscher, vorrangig aus den Naturwissenschaften, zu den Unterzeichnerinnen. Der Anteil der Bevölkerung, der der *technischen Illusion* einer erfolgreichen Anpassungsstrategie an den Klimawandel aufsitzt, scheint nicht unerheblich zu sein. Diese Einstellung birgt ein gefährliches Potenzial, so Reusswig und Küpper (2023) in der *Mitte Studie*:

> »Diese Position ist anschlussfähig an eine rechtspopulistische Strategie der Abschaffung oder doch des massiven Zurücknehmens von Klimaschutz, an dessen Stelle eine Klimaanpassungspolitik tritt, die technologisch verengt und sogar als Exportinitiative für die deutsche Wirtschaft verkauft werden kann. Wissenschaftsgläubigkeit und Wissenschaftsskepsis vereinen sich mit technologischem Fundamentalismus und sogenannter Technologieoffenheit in der populistischen Logik der ›betrügerischen Eliten‹ gegen den ›gesunden Menschenverstand des Volkes‹ zu ›einem technokratischen Populismus‹« (ebd., S. 299).

Klimaanpassung statt Klimaschutz kann somit auch als eine Form der Verleugnung gedeutet werden, denn darin drückt sich scheinbar auch der Wunsch aus, auf mitunter störende Maßnahmen zur Bekämpfung der Erderwärmung verzichten zu können. Gleichzeitig lässt sich darin eine Verleugnung im Sinne der Relativierung realer Gefahren des Klimawandels erkennen. Darin drückt sich nach Reusswig und Küpper (2023) eine »klimapolitisch regressive« (ebd., S. 300) Einstellung aus. Demnach werde eine Energiewende nicht vollständig abgelehnt, aber gefordert, »die Energiewende müsse raus aus der Politik hin zu Fachleuten und statt Klimaschutz brauche es Technologien für Anpassung« (ebd.). 30 Prozent der Befragten in der *Mitte Studie 2023* teilen zudem die Ansicht, dass Klimaschutz aktuell nicht bezahlbar sei und wieder mehr Öl und Gas aus Russland bezogen werden solle.

Wenn sogenannte *klimapolitisch regressive* Einstellungen auf *institutionalisierte Formen der Verleugnung* treffen, entsteht eine gefährliche Amalgamierung. Diese Einheit kann als Basis gesellschaftlicher Beharrungskräfte dienen, die nötige Schritte zur Bekämpfung der Klimakrise blockiert.

5.1.2 Sehnsucht nach der Arche Noah

Malm (2023) schreibt in seinem Text »The Future is the Termination Shock«: »Geoengineering is the single available measure by which this society can convince itself that the fire is not happening, *even after it has become unignorable*« (S. 17 [Hervorh. S.T.]). Malm geht davon aus, dass sich in der Faszination für Solar Radiation Management Allmachtsfantasien zeigen, mit denen die äußere Realität, der Klimawandel, verleugnet werde. Sally Weintrobe (2023) erkennt im Abwehrmechanismus der omnipotenten Verleugnung in Bezug auf den Klimawandel ein »magisches Denken« (ebd., S. 22), in dem »alle Schwierigkeiten und inneren Unannehmlichkeiten auf magische Weise verschwinden«. Gleichzeitig könne damit auch der Gewissensangst begegnet werden; omnipotentes Denken könne »von Schuldgefühlen befreien« (ebd., S. 46). Geht man davon aus, dass sich im Glauben an technologische Lösungen der Klimakrise Omnipotenzfantasien ausdrücken, dann stellt sich die Frage, wie sich der von Melanie Klein dargestellte Abwehrmechanismus der projektiven Identifizierung dazu in Beziehung setzen lässt. Technik könnte so verstanden werden, dass sie als ein rettendes, gutes Objekt projiziert und zugleich idealisiert wird. Zu dem Objekt kann eine libidinöse Beziehung hergestellt werden und gleichzeitig lässt es sich durch die darin enthaltenen eigenen projizierten Ich-Anteile kontrollieren. Das Allmachtsgefühl beruht dabei auch auf omnipotenter Verleugnung. Dabei können die gefährlichen, bösen Anteile, die in der Technik enthalten sind, introjiziert und verleugnet werden. Weintrobe spricht in diesem Zusammenhang auch von einer »omnipotent konstruierte[n] Fantasie« (ebd., S. 245), in der eine neue Art von Arche Noah geschaffen werde. Im Glauben an den Technofix durch Geoengineering scheint sich die von Habibi-Kohlen (2021) beschriebene Verleugnung zu zeigen, bei der die wissenschaftliche Evidenz des Klimawandels nicht bestritten wird, aber entweder die Gefahren heruntergespielt werden oder Allmachtsfantasien über unermessliche technische Möglichkeiten zu ihrer Bekämpfung bestehen. Malm zieht eine Verbindung zwischen der Verleugnung der Klimakrise und der Technik, die diese nun lösen solle: »If we accept that denial is constitutive of the climate crisis, we should expect it to infuse geoengineering, which would be merely a continuation, a transmutation of the processes that have brought the catastrophe about« (Malm, 2023).

David Schrag, renommierter Professor für Geologie und Umweltwissenschaften, der auch maßgeblich am Aufbau des Programms für Geoengineering an der Harvard University verantwortlich war, meint: »Die Vorstellung, dass die Forschung zum Solar-Engineering irgendwie die Büchse der Pandora öffnet, ist, denke ich, unglaublich naiv« (Schrag, zit. n. Kolbert, 2021, S. 202). Zwar ist Schrag sich bewusst, dass es viele Wissenschaftlerinnen gibt, die davor warnen, »das Klima für den gesamten Planeten zu manipulieren« (ebd.), dennoch ist er der Meinung, dass »ironischerweise solche Manipulationsversuche vielleicht die beste Überlebenschance für die meisten natürlichen Ökosysteme der Erde bieten – obwohl man sie wohl nicht länger natürlich nennen sollte, wenn solche Geoengineering-Systeme jemals entwickelt werden« (ebd.). In dem Ausdruck der »besten Überlebenschance« lässt sich auch die von Weintrobe beschriebene Allmachtsfantasie erkennen, durch die eigens entwickelte Technik eine Art Arche Noah für die ganze Menschheit konstruieren zu können. Dabei sieht sich Schrag offenbar in der Position eines Wunscherfüllers: »ich erlebe viel Druck von meinen Kollegen, dass es einen guten Ausgang gibt. Die Menschen wollen Hoffnung haben« (ebd., S. 201). Die Angst vor der Erderwärmung nimmt allgemein zu und gleichzeitig auch die Hoffnung auf Erlösung. Der CEO des deutschen Technologie- und Raumfahrtunternehmens OHB, Marco Fuchs, gehört in Deutschland zu den großen Verfechtern von Geoengineering. Auch er weiß, dass vor möglichen Klimamanipulationen von verschiedenen Seiten eindringlich gewarnt wird. Fuchs entgegnet, dass »die Klimakrise und die steigenden Temperaturen auf der Erde diese Technologien immer mehr zu einer notwendigen und vor allem kurzfristig machbaren Lösung werden [lassen]« (Fuchs, 2020). Darin sieht er zwar auch Gefahren; er weiß, »dass die ausgebrachten Aerosole noch nicht näher erforschte Folgen für die Ozon-Schicht und die Troposphäre haben könnten. Alles in allem gilt diese Methode jedoch als die technisch machbarste« (ebd.). Weintrobe (2023) beschreibt den »Unterschied zwischen gewöhnlichem Wunschdenken und omnipotentem Denken« (ebd., S. 30) darin, dass »die Fakten durch omnipotentes Denken« psychisch neu angeordnet werden. In der Allmachtsfantasie gehe es darum, ein »idealisierte[s] Bild wiederherzustellen«, letztlich: das »Paradies« (ebd.). Auch die Abhängigkeit der Menschen von der Natur wird bei der omnipotenten Verleugnung ins Gegenteil verdreht, wie Habibi-Kohlen (2019) beschreibt: »Die eigene Omnipotenz wird ebenfalls anschaulich in der Idee, man müsse die Erde retten, was eine Umkehrung der Abhängigkeitsverhältnisse darstellt« (ebd., S. 41).

In die Technik selbst kann auch ein rettendes, gutes Objekt projiziert werden, das auch libidinös besetzt und idealisiert wird. In dem manischen Vorgang der omnipotenten Leugnung spielt Idealisierung des Objektes eine zentrale Rolle (Hinshelwood, 1993). Demnach könnten die gefährlichen, bösen Anteile der Technik introjiziert sowie in der Folge verleugnet und damit relativiert werden. In diesem Vorgang kann sowohl Kontrolle über die Natur als auch über die Technik, also das die Natur bändigende Objekt, erlangt werden. Klein beschreibt diesen Vorgang der Kontrolle in der manischen Abwehr der omnipotenten Verleugnung: »Gleichzeitig aber bemüht es [das Subjekt] sich unablässig, alle seine Objekte zu *meistern* und zu *beherrschen*« (Klein, 1935, zit. n. Hinshelwood 1993, S. 495). Weintrobe (2023) beschreibt noch ein anderes Problem: »Hinter dem Wunsch, das Paradies wiederherzustellen, verbirgt sich eine schreckliche Negativität, die Trauer und Veränderung effektiv blockiert« (ebd., S. 34). Die Funktion der Arche-Noah-Fantasie könnte demnach dazu führen, dass Trauer um die beschädigte Natur ebenso unmöglich wird wie die Vorstellung einer Veränderung, die nicht in ein paradiesisches Wunschdenken verfällt.

Im Angesicht der Klimakrise kommt die Destruktivität der kapitalistischen Produktivkraftentwicklung auf doppelte Weise zum Vorschein: in der Verursachung der Klimakrise selbst und in technischen Scheinlösungen als Antwort auf sie. In einer möglichen Anwendung des Solar Radiation Management zeigt sich, wie von Horkheimer (1947) beschrieben, »kein von der Vernunft gesetztes Ziel« (ebd., S. 212) und daher auch »keine Schranke« (ebd.) in der Beherrschung der Naturgewalt. In Anlehnung an *Triebstruktur und Gesellschaft* von Marcuse (1965) kann diese Entwicklung auch als eine Destruktivität beschrieben werden, die erst erkennbar wird, »wenn man die Gegenwart nicht in Begriffen verflossener Stadien, sondern in den Begriffen ihrer eigenen Möglichkeiten bemißt« (ebd., S. 103). Die Frage sei dabei, »ob technische Erfindungen« (ebd.) dazu verwendet werden, die Welt vom Leid zu befreien, oder zur Schaffung von neuem Leid und potenzieller Vernichtung. Ähnlich wie in der von Horkheimer dargestellten *Affirmation der bestehenden Herrschaft* durch *instrumentelle Vernunft* schreibt Marcuse, dass die *zusätzliche Unterdrückung* der Subjekte und das etablierte *Leistungsprinzip* vor allem dem Zweck der Aufrechterhaltung des profitorientierten Produktionsapparates diene. In diesem Sinne könnte man auch die Entwicklung und den möglichen Einsatz von Solar Radiation Management verstehen. Denn es ist anzunehmen, dass dieser Idee nicht nur die Verleugnung der Gefahren des Klimawandels eingeschrieben ist, sondern auch die Hoffnung, die kapitalistische Produktionsweise möge möglichst störungsfrei weiterlaufen. Durch die neuen Technologien verleiht sich der von Freud prophezeite Prothesengott selbst Flügel. Doch die Gefahr des Unheils oder des Absturzes, um im Bild zu bleiben, die er gleichzeitig darin sah, scheint sich ebenso zu bewahrheiten.

5.2 The Great Reset: Klimaleugnung und Massenpsychologie

In den psychischen Reaktionsweisen auf die Klimakrise zeigen sich auch noch andere unbewusste Wünsche und Abwehrmechanismen: Das Klima fungiert »massentauglich als Frame des aktuellen Unbehagens in der Kultur und der flottierenden Zukunftsängste« (Berg et al., 2019, S. 6). Angst kann *in der* Massenbildung *schiefgeheilt* und in Aggression umgewandelt werden. Die (kollektive) Aggression kann dann auf die projizierten Feindbilder gerichtet werden. In Bezug auf die Klimakrise wird dabei die Gefahr der Erderwärmung oder gar der Klimawandel an sich verleugnet. Neben dem Abwehrmechanismus der Verleugnung scheinen auch hier Spaltung, Projektion und projektive Identifizierung zentral, jedoch im Zusammenspiel in der Masse. »Der beim Individuum ursprünglich innerpsychische Mechanismus der projektiven Feindbildung«, schreibt Rolf Pohl (2009, S. 4), »ist allerdings in besonderer Weise geeignet, massenpsychologisch ausgeweitet und politisch ausgenutzt zu werden«, denn auch bei der kollektiven Feindbildkonstruktion werde »in erster Linie das veräußerlichte Resultat psychisch wirksamer ideologischer Konstruktionen« dargestellt.

Das Milieu der Klimaleugnerinnen scheint zunächst sozial und politisch sehr heterogen. In mehreren Studien wurde jedoch bereits herausgestellt, dass Verschwörungstheorien, Antisemitismus und rechtsradikale sowie autoritär-nationalistische Haltungen dabei oft als ideologische Grundlage fungieren (Decker et al., 2022; Küpper et al., 2023; Meilicke & Strobel, 2023). Dabei wird eine eigene Faktenwelt aufgebaut und »Rationalität durch Ideologie« ersetzt (Zick & Sandal-Önal, 2023, S. 220). Diese Entwicklung bezeichnen Zick und Sandal-Önal als »neu[e] Formen neurechter völkisch-autoritärer Rebellion« (ebd.). Die während der Coronapandemie entstandene Querdenker-Bewegung schwenke zunehmend auf das Thema Klima um. Angelehnt an die Coronaproteste werde nun allgemein vor der »Klimalüge« und vermeintlich drohenden »Klima-Lockdowns« gewarnt (Lamberty & Nocun, 2023; Belghaus, 2021). Die Sozialpsychologin Pia Lamberty bemerkt: »Klima ist das neue Corona. Es gibt viele Kontinuitäten [...]. Das ist für diese Leute das neue Betätigungsfeld, und sie haben gute Strategien entwickelt, sie erprobt und verfeinert« (Lamberty, 2023). So wird in der *Mitte Studie 2023* festgestellt, dass die Beschränkungen aufgrund der Coronapandemie für 40 Prozent der Befragten »nur ein Probelauf für geplante staatliche Zwangsmaßnahmen infolge der Klimapolitik« (Reusswig & Küpper, 2023, S. 289) waren. Der Partei Alternative für Deutschland (AfD) kommt in Deutschland dabei eine besondere Rolle als Sammelbecken für Klimaleugnerinnen zu (Malm & the Zetkin Collective, 2021). Dabei verbindet sie reaktionäre Ideologie mit antisemitischen Verschwörungstheorien (Decker et al., 2022). Im Wahlprogramm zur Bundestagswahl 2021 schreibt die AfD dazu, dass das »Ziel der Bundesregierung, die CO-2 Emissionen faktisch auf null zu senken« (AfD, 2021), zu einem »radikalen Umbau von Industrie und Gesellschaft (›Die Große Transformation‹/›*The Great Reset*‹)« (ebd.) führen werde. Nach mehreren tätlichen Übergriffen auf Klimaaktivistinnen von Autofahrern in deutschen Städten äußerte Co-Parteichef Tino Chrupalla Verständnis für die Gewalt: »Man kann natürlich jeden verstehen, der auf dem Weg zur Arbeit ist oder Termine hat, auf die er angewiesen ist, dass er natürlich auch versucht, sich den Weg freizuräumen« (Chrupalla, 2023). Auf Blogs und in den sozialen Medien kennt der Hass kaum Grenzen; es lassen sich tausende Posts finden, in denen Gewalt- und sogar Vernichtungsfantasien geteilt werden (Curry, 2023). Bei den Protesten von Klimaaktivistinnen im Braunkohlerevier in der Lausitz kam es zu heftigen Drohungen von Bürgerinnen, Fußballfans und AfD-Mitgliedern; Gewaltfantasien wurden im Netz tausendfach geteilt: »In Bulgarien jagen die Kohlekumpels so was wie euch mit Spitzhacken aus der Grube und die Polizei hat Kaffeepause«; »Züge rollen lassen und die Maschinen auch. Selbst schuld, wenn sie zwischen die Bänder kommen«. Ähnliches wird den Aktivistinnen auf der Straße von sogenannten Klimaskeptikern zugerufen (Giessler, 2019). Ob bei Demonstrationen von Fridays for Future, Massenprotesten in der Nähe des Tagebaus *Lützerath*, Aktionen des Bündnisses Ende Gelände oder der Letzten Generation: In Deutschland lässt sich beobachten, dass die Hemmschwelle, von verbaler zu tätlicher Gewalt überzugehen, zunehmend sinkt (Zick et al., 2023; Küpper et al., 2023). Protestierende werden an den Haaren von der Straße gezogen, Autofahrer lassen ihre Motoren bedrohlich aufheulen und fahren Menschen in Straßenblockaden im Schritttempo an, sogenannte empörte Bürger kippen Joghurt über junge Aktivistinnen. Mittlerweile gibt es allein in Berlin bereits knapp 100 Strafverfahren wegen Angriffen auf die Letzte Generation, die meisten wegen Körperverletzung; bundesweit dürften es mehrere Hundert sein (Grieger, 2023). In der mit Hass aufgeladenen Feindbildprojektion scheint die Hemmschwelle für Gewalt bereits so weit gesunken zu sein, dass sich die Aggression Bahn brechen kann.

5.2.1 Die Natur als Verfolger

Wie eingangs herausgearbeitet, kann die Erkenntnis der eigenen Verstrickung in die ökologische Krise heftige Schuldgefühle und gleichzeitig existenzielle unbewusste Ängste erzeugen. Die Natur selbst, so soll im Folgenden gezeigt werden, kann zum gefährlichen Verfolger und »Schreckgespenst eines mißgünstigen und unentrinnbaren bösen Objekts« (Caper, 2000, S. 177) werden. Das Subjekt kann dabei eine innerpsychische Desintegration erfahren, in deren Folge die Abwehrmechanismen der von Klein beschriebenen paranoid-schizoiden Position mobilisiert werden; Ambivalenzen können nur schwer oder gar nicht ausgehalten werden, im Spaltungsvorgang erfährt das Subjekt einen Niedergang des ambivalenten Erlebens der Natur, die fortan nur noch als eindeutig gut oder eindeutig böse erlebt werden kann. Im psychischen Apparat wirkt das böse Objekt vernichtend gegen gute Fantasien und erfährt zugleich in der äußeren Realität seine Entsprechung durch Naturkatastrophen. Dabei kann es zu paranoiden Verfolgungsängsten kommen. In dieser Annahme kann bereits die existenzielle ökologische Krise bei dem Subjekt somit gleichzeitig zu existenziellen Versagungs- und Vernichtungsängsten führen. Um diesen zu entkommen, könnte man davon ausgehen, dass Vernichtungswünsche gegen das Objekt, die »Mutter Erde« selbst, entstehen. Im Abwehrmechanismus der projektiven Identifizierung werden die inneren fantasierten Objekte und Teile des Selbst abgespalten und in das äußere Objekt, den Verfolger, projiziert. Durch die Projektion der eigenen Anteile in das Objekt kann dieses in Besitz genommen und kontrolliert werden. In der wahnhaften Fantasie ist nun das Objekt, die Natur, unter Kontrolle. In diesem fantasierten Zustand der Kontrolle können auch die Gefahren des Klimawandels verleugnet werden; somit gibt es auch keinen Grund, eine vernünftige Klimapolitik der CO_2-Einsparungen zu unterstützen. Caper (2000) zeigt, dass ein solcher Vorgang denkbar scheint, da die wahnhafte Fantasie und Realität miteinander verschmelzen, sie vom Subjekt also nicht mehr auseinanderzuhalten sind. Wie von Marcuse beschrieben, kann nun die Natur weiter im besten Gewissen *»buchstäblich ›vergewaltigt‹«* werden (1965, S. 89 [Hervorh. S. T.]). Hier scheint auch keine Trauer mehr möglich um die realen Schäden, die bereits sichtbaren Folgen des Klimawandels, für Mensch und Natur. So kann das »Ich als entleert und geschwächt empfunden« (Hinshelwood, 1993 S. 276) werden und gleichzeitig können auch »gravierende Ängste davor entstehen, daß sich das Objekt für das gewaltsame Eindringen rächen wird« (ebd.).

5.2.2 Verschwörung der Klimaschützer

In diesem innerpsychischen Zustand kann bereits die Forderung nach mehr Klimaschutz und einer drastischen Reduzierung des CO_2-Ausstoßes als erneute Bedrohung empfunden werden. Ob Wissenschaftlerinnen, die von der Politik ein radikales Umdenken und Handeln einfordern, oder Protestierende im Kohlerevier bei Lützerath: Alle, die sich für mehr Klimaschutz einsetzen, können potenziell zu bösen, verfolgenden Objekten fantasiert werden (Bächler, 2023). Die Natur selbst und die Klimaschützer werden nun zu einem Bündnis der inneren Verfolger fantasiert. Folgt man den theoretischen Annahmen von Melanie Klein, lassen sich auch die wahnhaft anmutenden Äußerungen nachvollziehen, in denen die Coronamaßnahmen als Probelauf für geplante Zwangsmaßnahmen des Klimalockdowns fantasiert werden (Reusswig & Küpper, 2023). Nach Klein kann es in dem Spaltungs- und Projektionsvorgang auch zu der paranoiden Angst kommen, »eingesperrt und kontrolliert zu werden« (Hinshelwood, 1993 S. 276). Je störender das Objekt werde, desto heftiger könne die innerpsychische Abwehr ausfallen. Könne im Vorgang der projektiven Identifikation das Objekt nicht kontrolliert werden, könnten Vernichtungsfantasien erfolgen. So ließen sich auch die Vernichtungsfantasien gegen Klimaaktivisten deuten, beispielsweise bei Protesten im Braunkohlerevier in der Lausitz oder in Lützerath, ebenso gegen die Klimaaktivisten der Letzten Generation. Aber auch neu geplante Fahrradwege, denen der Parkplatz vor der eigenen Haustür zum Opfer fallen könnte, werden nicht nur zum Gegenstand eines Glaubenskampfes, sondern können in der Innenwelt des Subjektes zu massiven Aggressionen führen. Menschen, die sich beispielsweise für weniger Autos in der Stadt einsetzen, können so zu einem äußeren Verfolger konstruiert werden. Der mögliche Verlust des Parkplatzes kann zu Vernichtungsängsten führen, die wiederum mit zerstörerischen Hassimpulsen beantwortet werden müssen. Menschen, die zum Klimaschutz auffordern, können zum permanenten äußeren und inneren Störfeuer werden. Je stärker die unbewusst fantasierte Verfolgung und Versagung mit realen äußeren Einschränkungen zusammenfällt, umso heftiger wird die paranoide Angst (Hinshelwood, 1993). Wie Rolf Pohl (2009) beschreibt, dient der »archaische Abwehrmechanismus der Projektion letztlich der Entlastung des Ichs von sozial induzierten, unerträglich gewordenen intrapsychischen Spannungen und den mit ihnen verbundenen Unlusterfahrungen« (ebd., S. 2) und setzt dabei »insbesondere an den negativ sanktionierten Aggressionsneigungen an« (ebd.). Angelehnt an den zentralen Gedanken in Freuds *Unbehagen in der Kultur* stellen Horkheimer und Adorno (1969 [1947]) heraus, dass »unter dem Druck des Über-Ichs« (ebd., S. 201) die Destruktivität zum Vorschein komme, dabei projiziere »das Ich die vom Es ausgehenden, durch ihre Stärke ihm selbst gefährlichen Aggressionsgelüste als böse Intentionen in die Außenwelt« und erreiche es dadurch, »sie als Reaktion auf solches Äußere loszuwerden, sei es in der Phantasie durch Identifikation mit dem angeblichen Bösewicht, sei es in der Wirklichkeit durch angebliche Notwehr« (ebd.). Aus individualpsychologischer Perspektive lassen sich diese innerpsychischen Vorgänge als Angstabwehr deuten. Warum es jedoch bei dem einen Menschen zum Durchbruch der Aggression, zu rohen Gewaltausbrüchen kommt, und bei dem anderen nicht, darüber lässt sich »keine post festum Aussage« (Kirchhoff, 2013, S. 74) treffen.

Wird die Angst zu groß, die Realität für das Subjekt zu unerträglich, so Freud in *Das Unbehagen der Kultur*, so kann der »Eremit [...] dieser Welt den Rücken« (ebd., S. 440) kehren. Doch es gibt noch andere Wege, damit umzugehen: Man kann die Welt »umschaffen wollen [...], in der die unerträglichsten Züge ausgetilgt und durch andere im Sinne der eigenen Wünsche ersetzt sind« (ebd.). Dieses Unterfangen wird jedoch scheitern, so Freud, ist doch »die Wirklichkeit [...] zu stark für ihn« (ebd., S. 441). Wer diesen Weg wählt und konsequent verfolgt, wird voraussichtlich ein Paranoiker, »ein Wahnsinniger« (ebd.), da er bei der Umsetzung seines Wahns scheitern wird. Es gibt jedoch noch eine weitere Möglichkeit im Umgang mit der Unerträglichkeit der Realität: dass sich eine größere Anzahl von Menschen findet, die »gemeinsam den Versuch unternimmt, sich Glücksversicherung und Leidensschutz durch wahnhafte Umbildung der Wirklichkeit zu schaffen« (ebd.). Freud beschreibt hier in Anlehnung an seine Schrift *Massenpsychologie und Ich-Analyse* (1921) die Genese des Massenwahns.

5.2.3 Schiefheilung durch Massenwahn

Beim Versuch, die regressive Dynamik und Feindbildprojektion der Verschwörungstheoretikerinnen und Klimaleugner zu verstehen, stößt die psychoanalytische Theorie mit dem Blick auf die frühen Ängste und primitiven Abwehrmechanismen des Individuums an ihre Grenzen. Daher scheint es sinnvoll, das Phänomen als einen Versuch der Schiefheilung durch regressive Massenbildung zu fassen (Freud, 1921). Denn während die Psychoanalyse eher die »Frage nach der individuellen Aneignung und Funktion von gesellschaftlichen Feindbildern in den Blick nimmt, geht es der massenpsychologischen Perspektive um ihre vergemeinschaftende Funktion« (Brunner, 2015, S. 12). In *Massenpsychologie und Ich-Analyse* beschreibt Freud (1921), dass individuelle unbewusste Ängste, die einen gesellschaftlichen Hintergrund haben, durch die Masse *schiefgeheilt* werden können. Die unbewussten Ängste werden in der Masse in Aggression umgewandelt und auf das gemeinsame Feindbild projiziert. In der Eigenschaft als kollektives Über-Ich wird die Gruppe zu einem Gruppen-Ich zusammengeschweißt und durch *Schiefheilung* die innere Angst in Aggression umgewandelt. Die Gruppe muss dabei nicht zwangsläufig einem Führer unterstellt sein; auch eine »führende Idee« (ebd., S. 110) kann die Bindung der Masse leisten. Der Führer oder die Idee muss dabei nicht notwendigerweise libidinös besetzt sein, sondern »der Haß [...] könnte ebenso einigend wirken und ähnliche Gefühlsbindungen hervorrufen wie die positive Anhänglichkeit« (ebd.). Die Klimaleugnerinnen als Massenphänomen können demnach auch als führerlose Masse verstanden werden. Der Hass wirkt als das einigende Moment, es werden Feindbilder projiziert, aufgeladen mit Gewaltfantasien, die bis zu Vernichtungswünschen reichen. Wie von Markus Brunner (2015) in *Vom Ressentiment zum Massenwahn* beschrieben, sei »es die reale Ohnmacht der Einzelnen angesichts der gesellschaftlichen Zwänge und versachlichten Herrschaftsverhältnisse, welche die Minderwertigkeitsgefühle weckt, die im Kollektiv kompensiert werden« (s. 15). Dabei seien es immer die »aktuellen Ohnmachts- und Abhängigkeitserfahrungen« (ebd.), die schließlich frühere innere Konflikte und Ängste reaktivieren könnten, die mit »ähnlichen Gefühls- und Wahrnehmungslagen verknüpft« (ebd.) seien.

Die gesellschaftlichen Zwänge, denen das Ich sich gegenübersieht, sind als eine »*spezifisch-historische Organisation* der Wirklichkeit« (Marcuse, 1965, S. 40 [Hervorh. S.T.]) zu verstehen, »die die psychische Struktur durch spezifische gesellschaftsbildende Organe oder Kräfte beeinflusst« (ebd.). So kann auch die gegenwärtig sich verschärfende soziale Krise in Verbindung mit der ökologischen verstanden werden, die folglich zunehmende Ohnmachtsgefühle und unbewusste Ängste evoziert. Ob Klimaaktivistin oder Wissenschaftler, wer auf der Notwendigkeit der Bekämpfung der Erderwärmung beharrt, erscheint im Massenwahn als zu bekämpfender Feind. Analog wie in der Coronapandemie wird dabei eine Verschwörung einer globalen Elite fantasiert (Lamberty & Nocun, 2023). Dabei kommt »ein toxischer Cocktail aus Unwahrheiten, Fake-Studien und antisemitisch aufgeladenen Hetztiraden gegen vermeintliche Drahtzieher*innen einer ›Neuen Weltordnung‹« (ebd., S. 47) heraus, wie Lamberty und Nocun in ihrer Untersuchung der sogenannten Klimaskeptiker-Szene schreiben. Die Realität wird um 180 Grad verdreht: Um den Kollaps des Planeten zu verhindern, müsste nicht weniger Kohlenstoffdioxid in die Luft gelangen, sondern der Klimaschutz aktiv verhindert werden. In Deutschland, aber auch weltweit, wird einschlägig vor dem »great reset« gewarnt, einer neuen Weltordnung, die »zugunsten einer kleinen globalen Elite herbeigeführt werden soll« (Bächler, 2023, S. 8). Die projizierten Feindbilder sind vor allem Individuen und Gruppen, die als mächtig wahrgenommen werden, »das können Wissenschaftler*innen sein, Journalist*innen oder Politiker*innen. Auch Antisemitismus ist eng mit Verschwörungserzählungen verknüpft und wird durch diese immer wieder befeuert« (Lamberty & Nocun, 2023, S. 58). Die Äußerungs- und Erscheinungsformen der Klimaleugner lassen sich als paranoide Ängste deuten, die sich dann in wahnhaft anmutenden, der Realität entrückten Fantasien ausdrücken. Anhänger der Erzählung der »großen Klimaverschwörung sind davon überzeugt, unabhängige Institutionen wie das *Intergovernmental Panel on Climate Change* (IPCC) würden unter dem Deckmantel des Klimaschutzes insgeheim auf die Etablierung einer supranationalen Weltregierung [...] hinarbeiten« (Meilicke & Strobel, 2023, S. 51). Unter QAnon-Anhängerinnen wurde »im Zuge der kalifornischen Hitzewelle im Jahr 2018 sogar verbreitet, die massiven Waldbrände seien von einem durch *Juden kontrollierten Space Laser* verursacht worden« (ebd.). Laut der *Leipziger Autoritarismusstudie* von 2022 zeigten sich rund 25 Prozent der Befragten als besonders empfänglich für Verschwörungstheorien (Decker et al., 2022). Das zeigt das erhebliche Potenzial für die Massenbildung in Deutschland.

Ernst Simmel (1946) spricht in seiner Analyse zu »Antisemitismus und Massenpsychologie« in Bezug auf die regressive Massenbildung von einer *Massenpsychose*: »Dieses klinische Syndrom *uneingeschränkter, aggressiver Destruktivität im Bann eines Wahns* bei vollständiger Verleugnung der Realität ist uns als *Psychose* wohlbekannt, und zwar als paranoide Form der Schizophrenie. Der Antisemitismus als Massenphänomen ist demnach keine Massenneurose, sondern eine *Massenpsychose*« (S. 497 [Hervorh. i. Orig.]). Dabei hebt Simmel hervor: »Ich betone nochmals: Der *einzelne* Antisemit ist kein Psychotiker, er ist normal« (ebd., S. 501). Brunner betont (2015), dass dieselben Abwehrformen von »Spaltung und Projektion im Privatwahn eben keine ›(Schief-)Heilung‹, sondern eine ›Erkrankung‹ darstellen würden« (S. 12), während aber »die Nutzung von kollektiv geteilten Containern eine Möglichkeit dar[stellt], sich über die geteilten Abwehrstrukturen gesellschaftlich zu integrieren« (ebd.). Zwar setzt sich Simmel (1946) in seinem Text mit der Massenpathologie des Antisemitismus auseinander, bemerkt aber, dass sich dieselben Mechanismen bei allen pathologischen Gruppenbildungen finden, »die dem Bedürfnis von Individuen entspringen, sich zum doppelten Zweck zusammenschließen, gemeinsam der Realität zu entfliehen und aggressive Energien kollektiv abzuführen« (ebd., S. 517). Dabei bezeichnet Simmel eine Gruppenbildung als pathologisch, »wenn sie dem ohnmächtigen

Individuum *vor allem* dazu verhilft, unsublimierte und *uneingeschränkt destruktive Triebenergien* abzuführen« (ebd. S. 504 [Hervorh. i. Orig.]). Mit den Begriffen »Schiefheilung« und »Massenwahn« wird umgekehrt keine Psychologisierung der Anhänger von Verschwörungstheorien und Klimaleugnerinnen betrieben: Der Einzelne, der im Massenwahn zum Gewalttäter wird, ist kein »Kranker«, sondern »normal« (Pohl, 2009). Brunner schreibt in Bezug auf die Funktion der Massenbildung, sowohl »Normalität« als auch »Pathologie« seien »gesellschaftliche Kategorien und die Grenzen sind auch im gesellschaftlichen Diskurs immer fließend. In der beschriebenen Dynamik des »Massenwahns« ist es gerade die Teilhabe an einer kollektiv geteilten wahnhaften, d. h. die Realität völlig verzerrenden, ja die Realitätsprüfung aussetzenden Wahrnehmungs- und Denkstruktur, welche die Einzelnen normalisiert« (Brunner, 2015). Pohl vermutet einen der Hauptgründe dafür, dass Adorno den »psychosozialen Mechanismus« (Pohl, 2009, S. 20) des Massenwahns »als pathisch und gerade nicht als pathologisch« bezeichnet, in der nur scheinbar »paradoxen Bewegung zwischen Normalität und Wahn im Spannungsfeld von Individuum, Politik und Gesellschaft«. Dabei verweist der Ausdruck pathisch, so Pohl, »zwar auch auf den subjektiven Zustand eines allgemeinen Leidens in und an der Gesellschaft, aber eher im Sinne von Freuds Unbehagen in der Kultur als nach den Kriterien der psychiatrischen Krankheitslehre zu verstehen«.

Die Verleugnung des Klimawandels kann in der regressiven Massenbildung ein verbindendes Element herstellen. Im Wahn der Masse geraten dabei nicht die gesellschaftlichen Verhältnisse in den Blick, sondern der Hass richtet sich gegen dieses »Abstrakte, das nicht als sachliche Beziehung, sondern wieder nur als personale Herrschaft, als verschwörerische Machenschaft« (Brunner, 2015) der globalen Elite im Sinne der »Mächtigen« und »Besitzenden« verstanden wird. Durch die *schiefheilende* Wirkung der Masse entsteht die Projektion des feindlichen Klimaaktivisten und gleichzeitig werden rassistische, antisemitische und auch antifeministische Feindbilder projiziert. Die Klimaleugnerinnen sehen dabei auch immer häufiger Gewalt als legitimes Mittel (Meilicke & Strobel, 2023). In der von Adorno beschriebenen pathischen Projektion herrscht Gnadenlosigkeit und Starre, und dabei geht es nicht um bloßes Fantasieren in den Köpfen, sondern aus der bestehenden latenten »Bereitschaft zum Losschlagen« (Pohl, 2009, S. 6) wird eine ernsthafte Option zum physischen Angriff auf das feindlich fantasierte Objekt.

5.3 Climate Barbarism

Im gegenwärtigen Unbehagen in der Kultur drückt sich die Abwehr steigender unbewusster Ängste aus, die mit der krisenhaften Entwicklung und einer damit verbundenen soziale Erosion einhergehen (Busch, 2020; Fraser, 2023; Blumenfeld, 2023). Die Klimakrise erscheint dabei wie ein konstantes Störgeräusch im Hintergrund, trägt zur allgemeinen Verunsicherung bei und ruft zusätzliche bewusste und unbewusste Ängste hervor (Weintrobe, 2023; Hoggett, 2019). Laut seriösen Studien und Modellierungen von Klimaforscherinnen dürfte ein weiterer Anstieg der globalen Temperaturen drastische soziale und politische Folgen haben. So sind laut dem Weltklimarat (IPCC, 2023) nicht nur regionale Konflikte und Kriege um Wasser und Ressourcen immer wahrscheinlicher, sondern auch massive Fluchtbewegungen zu erwarten, da bestimmte Teile der Erde bereits in wenigen Jahren für Menschen unbewohnbar sein könnten. Im aktuellen Klimabericht für Afrika schreibt die UNO-Weltwetterorganisation, allein dort habe es im Jahr 2022 rund 2,5 Millionen Klimaflüchtlinge gegeben (World Meteorological Organization, 2023). Ob und inwiefern sich solche Prognosen und Modellierungen zu künftigen Folgen des Klimawandels genau bewahrheiten, kann niemand genau vorhersagen. Doch es braucht keine katastrophischen Zukunftsvoraussagen, denn die Destruktivität der kapitalistisch verfassten Gesellschaft zeigt sich schon heute darin, dass sie ihre eigenen, aus der Produktivkraft erwachsenen Möglichkeiten zur Abschaffung von Armut, Hunger und Leid nicht auszuschöpfen vermag. Die Klimakrise fungiert zusätzlich als Katalysator bei der Zunahme globaler Ungleichheiten und Fluchtursachen (IPCC, 2023; Saito, 2023). Während täglich zahllose Menschen versuchen, in den sogenannten globalen Norden zu fliehen, werden an den EU-Außengrenzen Zäune, Barrieren und Militärposten errichtet; die USA führten auch unter der Biden-Administration den Mauerbau an der mexikanischen Grenze weiter; US-Präsident Donald Trump hat für seine zweite Amtszeit längst »die größte Deportation der US-Geschichte« (Trump, 2024) angekündigt. Im aktuellen Weißbuch der Bundeswehr, das als Grundlage deutscher Sicherheitspolitik dient, werden die Folgen des Klimawandels, die »bereits heute die Lebensbedingungen von Hunderten von Millionen Menschen« (Bundesministerium der Verteidigung, 2016, S. 42) betreffen, nicht nur als »existenzielle Gefährdung« für die betreffenden Staaten und Regionen eingestuft, sondern auch als ein Thema von wachsender »sicherheitspolitischer Relevanz – mittelbar auch für Deutschland«. Die »unkontrollierte und irreguläre Migration« gelte dabei als ein immer größeres Risiko.

Jacob Blumenfeld (2023) warnt vor dem Hintergrund der gegenwärtigen Entwicklung in seinem Text »Climate Barbarism« vor einer unsolidarischen Politik der Klimaanpassung und einer möglichen Barbarisierung der Verhältnisse infolge der Klimakrise:

> »Against the idea that scientific awareness of the facts of climate change is enough to motivate a common ethical project of humanity toward a unifying good, I argue that climate change awareness can just as well equally motivate heightened divisions of humanity into anti-egalitarian, xenophobic, class-differentiated zones of competitive survival. I call this climate barbarism« (ebd., S. 163).

Erklärungsbedürftig scheint, wie Menschen die tagtäglichen Nachrichten über die immer katastrophaleren Zustände auf der Welt aushalten können. Adorno (1966) hat in seiner Schrift *Negative Dialektik* darauf hingewiesen, dass die gesellschaftlichen Verhältnisse unter kapitalistischer Herrschaft eine *»bürgerliche Kälte«* (S. 354 [Hervorh. S. T.]) verursachen, und diese Kälte als das »Grundprinzip der bürgerlichen Subjektivität« (ebd.) gefasst. Hawel (2012) merkt dazu an: »Das verdinglichte Individuum ist kalt – in gewisser Hinsicht ist es sozial abgestorben« (ebd., S. 42). Die bürgerliche Gesellschaft bringe demnach ein Subjekt hervor, das teilnahmslos, gleichgültig, gefühllos mit seiner Umwelt und seinen Mitmenschen verkehrt. Für Adorno ist die Kälte ein allgemeines Kennzeichen der bürgerlichen Subjektivität, die jede und jeden betrifft. »Als Produkt dieser Gesellschaft« (Adorno, 1977d, S. 778) könne niemand sich einbilden, frei von der bürgerlichen Kälte zu sein. Doch er geht noch einen Schritt weiter und schreibt, dass »ohne jene Kälte [...] keiner mehr leben« (ebd.) könnte. Kirchhoff (2013) schreibt, dass man »angesichts des gesamtgesellschaftlichen Amoklaufes, als der die kapitalistische Gesellschaft auch zu beschreiben wäre, angesichts des der Produktivkraft spottenden Andauerns von Hunger, angesichts von Ressourcenplünderung, der Vernichtung von Existenzen und des umfassenden Angriffs auf jegliche Form einer lebenswerten Zukunft« (S. 74) ohne die bürgerliche Kälte »schnell an den Zuständen irre würde« (ebd.). Man könnte annehmen, dass eine Verhärtung des inneren Zustands nötig ist, um die Grausamkeiten der kapitalistischen Normalität überhaupt auszuhalten und je krisenhafter, verschärfter, irrationaler die gesellschaftlichen Verhältnisse sich für das Subjekt darstellen, desto intensiver muss sich auch die Kälte über weite Teile des Körpers und der Psyche ausbreiten, um weiterhin bestehen und funktionieren zu können. Wenn für Adorno Auschwitz ohne das Grundprinzip der bürgerlichen Kälte nicht denkbar erscheint, dann drückt sich in diesem nicht nur eine stille Gleichgültigkeit aus, sondern auch etwas zutiefst Destruktives. Sollte doch für den »Kulturmenschen« (Freud, 1930, S. 471) gelten, dass er als Gegenleistung für seinen Triebverzicht – für den Verzicht auf ein »Stück Glücksmöglichkeit« (ebd., S. 474) – ein »Stück Sicherheit« bekommt. Doch angesichts der gegenwärtigen krisenhaften kapitalistischen Entwicklung, die mit der existenzbedrohenden Klimakrise zusammenfällt, scheint die Kultur nicht genug aufbieten zu können, »um den Aggressionstrieben der Menschen Schranken zu setzen, ihre Äußerungen durch psychische Reaktionsbildungen niederzuhalten« (Freud, 1930, S. 471). Hier liegt die Gefahr, dass eine fatale Dynamik entfesselt wird, so Marcuse (1965):

> »Die Zivilisation gerät in eine zerstörerische Dialektik: die dauernden Einschränkungen des Eros schwächen schließlich den Lebenstrieb und setzen damit eben jene Kräfte in verstärktem Maße frei, gegen die sie aufgerufen worden waren – die Kräfte der Zerstörung« (S. 48).

An der Verleugnung des Klimawandels zeigt sich, was aus der Gleichgültigkeit eines sozial verkümmerten Subjektes werden kann. Wenn die Angst vor der Zukunft zu groß wird und »Alternativen kaum mehr gedacht werden können bzw. die, die propagiert werden, einem [sic!] erst recht das Fürchten lehren« (Kirchhoff, 2013, S. 74), scheinen die destruktiven Kräfte zu dominieren und primitive Abwehrmechanismen werden in Stellung gebracht. Ob die Klimakrise in Form einer *technischen Illusion* verleugnet wird, die sich im Wunsch nach einer gefährlichen Anpassungsstrategie statt wirklichem Klimaschutz ausdrückt, oder in einem regressiven Massenwahn, der die reale Geschehen zur »Klimalüge« erklärt und – amalgamiert mit rechtsextremer Ideologie und Verschwörungstheorien – gegenüber dem projizierten Feindbild eine latente Bereitschaft zum Losschlagen aufweist: In beiden könnte sich der Wunsch des Todestriebs in seiner destruierenden Form zeigen. »Das Absinken in die Barbarei«, so Pohl (2009), ist »die Mobilisierung eines wahnhaften, zum humanspezifisch und gesellschaftlich Normalen zählenden Potenzials archaischer Abwehrmechanismen« (ebd., S. 19). Im letzten Absatz in *Das Unbehagen in der Kultur* scheint für Freud die Frage zentral, ob und wie es der Kulturentwicklung gelingen wird, »der Störung des Zusammenlebens durch den menschlichen Aggressions- und Selbstvernichtungstrieb Herr zu werden« (Freud, 1930, S. 506). Darin sieht er nicht weniger als die »Schicksalsfrage der Menschenart« (ebd.). Die realen Gefahren, die mit dem Klimawandel für Mensch und Natur verbunden sind, verleihen den letzten Sätzen der kulturtheoretischen Schrift eine bemerkenswerte Aktualität:

> »Die Menschen haben es jetzt in der Beherrschung der Naturkräfte so weit gebracht, daß sie es mit deren Hilfe leicht haben, einander bis auf den letzten Mann auszurotten. Sie wissen das, daher ein gut[es] Stück ihrer gegenwärtigen Unruhe, ihres Unglücks, ihrer Angststimmung. Und nun ist zu erwarten, daß die andere der beiden ›himmlischen Mächte‹, der ewige Eros, eine Anstrengung machen wird, um sich im Kampf mit seinem ebenso unsterblichen Gegner zu behaupten. Aber wer kann den Erfolg und Ausgang voraussehen?« (ebd.).

Der objektive Wahnsinn, als der die Normalität der kapitalistischen Gesellschaft zu bezeichnen wäre, zeigt mit der Klimakrise eine verschärfte Destruktivität. Die ökologische Verwüstung macht keinen Halt vor dem Subjekt, sondern kann, wie aufgezeigt, primitive Abwehrmechanismen und Vernichtungswünsche hervorrufen. So stellt sich heute mit der existenziellen ökologischen Krise, fast 100 Jahre nach Erscheinen von *Das Unbehagen in der Kultur*, erneut die Frage, ob sich der ewige Eros im Kampf gegen seinen unerbittlichen Gegner, den Todestrieb, durchsetzen kann. Die zunehmende Verwüstung der Natur und Brutalisierung der gesellschaftlichen Verhältnisse sind dem Subjekt nichts Äußerliches, sondern entstammen aus der *Mitte* der bürgerlichen Gesellschaft. Die Verleugnung des Klimawandels und die dabei zum Ausdruck kommenden zerstörerischen Kräfte für Mensch und Natur erscheinen nicht als zu pathologisierender Einzelfall in Form eines wahnsinnig gewordenen Trump-Fanatikers oder Querdenkers, welcher der Normalität entrückt ist. Sie treten dabei im Verbund der paranoiden Masse an. Die objektive Irrationalität schafft Wut und Wahnsinn zugleich. Die Affekte sind dabei geleitet von Aggression und verplombt mit regressivem Ressentiment: Im Massenwahn fungieren die vermeintlichen Rebellen schließlich als Subjekte der Zerstörung und gleichzeitig als Subjekte der Affirmation bestehender Verhältnisse.

Schluss und Ausblick

In dem vorliegenden Buch wurde die Klimakrise aus verschiedenen Perspektiven in den Blick genommen. In breve zusammengefasst: Erstens: Die Klimakrise wird durch die historisch spezifische Form der Naturbeherrschung in der bürgerlichen Gesellschaft verursacht und geht mit einer Verdinglichung der Natur einher. Es ist daher auch von gesellschaftlichen Naturverhältnissen zu sprechen.

Zweitens: Die gegenwärtige ökologische Krise, die mit dem Klimawandel zum Vorschein kommt, kann erst in ihrer allumfassenden Totalität in Bezug auf die kapitalistische Produktionsweise diskutiert und verstanden werden.

Und drittens: In Bezugnahme auf die psychoanalytische Subjekttheorie wird die These vertreten, dass die ökologische Verwüstung für das Subjekt nicht nur als äußerliche Bedrohung erscheint, die zu weitreichender Verunsicherung und Realangst führt, sondern auch unbewusste Ängste und massive Abwehrmechanismen im Innenleben des Subjektes mobilisiert. Spaltung, Verleugnung und projektive Identifikation führen im Verbund der Masse zu regressiven gesellschaftlichen Dynamiken, die sich gegenwärtig vielerorts beobachten lassen.

Die durch den Klimawandel manifest gewordene ökologische Krise und die damit in Verbindung stehenden sozialen sowie politischen Verwerfungen werden sich in den kommenden Jahren aller Wahrscheinlichkeit nach verschärfen. Es ist davon auszugehen, dass einerseits gesellschaftliche Kräfte weiterhin die Klimakrise für ihre politische Agenda nutzen werden und andererseits unterschiedliche bewusste und unbewusste innere Gefühlslagen und Konflikte im Subjekt dadurch evoziert werden. So ist ebenfalls damit zu rechnen, dass die bereits jetzt schon zu beobachtenden Formen der Angstabwehr, ob durch Leugnung der Bedrohung, Feindbildprojektion auf die vermeintlich Schuldigen unter Rückgriff auf Verschwörungstheorien oder im Phänomen des Techno-Optimismus, weiterhin zunehmen werden. Um den subjektiven Bedingungen als auch der gesellschaftlichen Erzeugung der innerpsychischen Konflikte nachzuspüren, könnten Untersuchungen mit dem Verfahren der tiefenhermeneutischen Kulturanalyse in Form von biografischen Interviews zu einer vielschichtigeren Durchdringung der Innenwelt der Subjekte führen und somit eine differenziertere Erkenntnis über unbewusste Formen der Angstabwehr liefern.

Doch was macht man mit dem Wissen um die Verfasstheit der gegenwärtigen gesellschaftlichen Verhältnisse und dem Wissen um das Innenleben der Subjekte? Zunächst scheint die wichtige und gleichzeitig dialektische Aufgabe einer kritischen Gesellschafts- und Subjekttheorie darin zu liegen, den »objektiven Verblendungszusammenhang« (Adorno, 1966, S. 396) abzubilden und zu kritisieren. Die weitere Aufgabe würde darin bestehen, die gesellschaftliche Verblendung und den darin enthaltenen Wahn zu »durchschlagen« (ebd., S. 181), um überhaupt die Vorstellung freizulegen und aufrechtzuerhalten, dass eine vernünftig eingerichtete Welt nicht nur notwendig, sondern auch möglich ist.

So kann vermutlich die Psychoanalyse als einzige Denkform, wie es Adorno (1955) formuliert, den »subjektiven Bedingungen der objektiven Irrationalität« (S. 42) nachspüren und den Versuch unternehmen zu verstehen, warum sich die Menschen nicht gegen die drückenden Verhältnisse auflehnen, sondern immer wieder in ihrem Handeln die Tendenz zeigen, das Bestehende zu affirmieren. Aber der Erkenntnis soll konsequenterweise kein Verständnis für reaktionäre Denkstrukturen und Handlungsweisen folgen. Im Gegenteil. Es drängt sich die Frage auf, was jenseits von regressiver Angstabwehr und Affirmation des Bestehenden für Handlungsoptionen bleiben. Doch hier sind vielleicht die Grenzen sowohl der Kritischen Theorie als auch der Psychoanalyse gesetzt.

Es blitzen immer wieder auch Momente in der Geschichte auf, die in eine andere Richtung weisen. Das jüngste Beispiel stellt der Arbeitskampf der ehemaligen Arbeiterinnen und Arbeiter des Florentiner Autozulieferers GKN Driveline in Italien dar. Statt sich einer drohenden Massenentlassung zu fügen und sich der Misere des Jobverlustes hinzugeben, wurde das Werk kurzerhand im Sommer 2021 besetzt. Dabei kämpften die Arbeiterinnen nicht nur um ihren Arbeitsplatz, sondern forderten nicht weniger als den radikalen Umbau der Produktion ihrer Fabrik: Wenn es nach den Arbeitern geht, sollen künftig ökologisch sinnvolle Güter hergestellt werden,

Lastenräder und Photovoltaik-Module statt Teile für die Autoindustrie. Das Werk ist bis heute besetzt. Es gibt Tausende Unterstützerinnen und einen Plan, wie auf dem riesigen Gelände künftig nicht nur Velos, sondern auch andere Produkte in Eigenregie und unter dem Banner einer ökosozialistischen Perspektive hergestellt werden könnten. Auf einem Flugblatt der GKN-Arbeiterinnen vom Oktober 2024 heißt es:

> »Gelingt es, die Fabrik erfolgreich zu demokratisieren und in Beschäftigtenhand weiterzuführen, schaffen wir ein historisches Beispiel für alle Kämpfe gegen aktuelle und drohende Schließungen [...]. Produkte, die im Gegensatz zur vorherigen Produktion nicht nur die Jobs in der Region sichern, sondern auch einen neuen Weg für Europas Industrie aufzeigen: Einen nachhaltigen, gemeinwohlorientierten Umbau der Produktion von unten« (GKN for Future, 2024).

Für das Vorhaben wurde eine Genossenschaft gegründet und bereits das nötige Grundkapital eingesammelt, um das Fabrikgelände auch legal übernehmen zu können sowie die Serienproduktion zu starten. Das Beispiel dient an dieser Stelle zwar bloß als Randnotiz, weist jedoch nicht nur auf einen interessanten Moment in Bezug auf das Verhältnis von Arbeit und Produktion inmitten der Klimakrise hin, sondern zeigt ebenfalls auf, dass es in Bezug auf den oft als unlösbar scheinenden Widerspruch zwischen klimaschädlicher Industrie mit sicheren Arbeitsplätzen einerseits und Klimaschutz mit der bitteren Konsequenz der Schließung der Arbeitsstätte andererseits auch andere Wege geben könnte.

Ein zweites, sehr interessantes Beispiel war die Massenbewegung der *Gilets jaunes* (Gelbwestenbewegung) in Frankreich. Als die damalige Regierung unter der Präsidentschaft Emanuel Macrons Ende 2018 eine Steuer auf fossile Kraftstoffe bekanntgab, brachen im ganzen Land spontane und vielerorts militante Proteste aus. Die Steuererhöhung wurde von der Politik als Klimaschutzmaßnahme begründet. Es wurden mitunter Mautstellen auf der Autobahn zerstört und Tausende von Straßenblockaden an den in Frankreich typischen Verkehrskreiseln errichtet. Trotz heftiger Konfrontation mit staatlichen Ordnungskräften wie der Polizei und den auf Demonstrationen mit besonderer Härte vorgehenden Einheiten der Compagnies Rėpublicaines de Sécurité (CRS) erhielten die *Gilets jaunes* große Zustimmung in der Gesamtbevölkerung. Die Bewegung weitete sich schnell aus und bereits nach kurzer Zeit war nicht mehr das Thema der Treibstoffabgaben zentral, sondern die soziale Frage wurde in ihren verschiedensten Facetten auf die Straße getragen. Bemerkenswerterweise positionierte sich ein Großteil der Bewegung nicht per se gegen Klimaschutz oder leugnete die Gefahren, sondern gegen die spezifische »ökologische« Reform der Regierung. Ein Slogan, der auf eindrückliche Weise die Gefühlslage der Protestierenden widerspiegelte, lautete: »Pariser Eliten reden vom Weltende, während wir das Monatsende fürchten.« Darin könnten man eine generelle Absage an Klimaschutz und die ökologische Frage interpretieren. In großen Teilen der *Gilets jaunes*-Bewegung war jedoch das Gegenteil der Fall. So gab es sogar gemeinsame Proteste mit der Klimabewegung. Sehr bezeichnend ist die Erklärung der zweiten Versammlung der *Gilets jaunes* in Saint-Nazaire, in der die soziale und die ökologische Frage keineswegs getrennt voneinander betrachtet wurden:

> »Wir sind uns der Umweltkatastrophen bewusst und erklären: Ende der Welt, Ende des Monats – die gleiche Logik, der gleiche Kampf! […] Es ist die gleiche Logik der unendlichen kapitalistischen Ausbeutung, die die Menschen und das Leben auf der Erde zerstört. Die Begrenzung der Ressourcen zwingt uns, die Frage nach ihrer Verteilung und nach der Kontrolle über die Produktion zu stellen […]. Die CO_2-Steuer ist ein klassisches Beispiel für eine falsche Umweltpolitik, die diejenigen bestraft, die für die Umweltprobleme gar nicht verantwortlich sind. Es gibt jedoch Verursacher und Umweltverschmutzer, gegen die wir durch gemeinsame Aktionen gezielt vorgehen müssen. Die Gilets jaunes fordern all jene, die der Plünderung aller Lebensformen ein Ende setzen wollen, dazu auf, den Kampf gegen das gegenwärtige System zu führen, um gemeinsam, mit allen notwendigen Mitteln, eine neue soziale und ökologische Bürgerbewegung zu schaffen« (Erklärung von Saint-Nazaire, zit. n. Vernhes, 2019, S. 77).

In beiden Fällen, der lokalen Fabrikbesetzung in Florenz sowie der Massenbewegung der *Gilets jaunes,* wurde die ökologische nicht von der sozialen Frage abgespalten oder diese gegeneinander ausgespielt. Die Angst vor dem eigenen Abstieg führte scheinbar nicht zu Lähmung und Spaltung, Feindbildprojektion und dem »Tritt nach unten«. Die Arbeiterinnen von GKN und auch die Bewegung der *Gilets jaunes* entziehen sich damit ein Stück weit von der objektiven Irrationalität der kapitalistischen Vergesellschaftung: Das gemeinsame Kämpfen diente scheinbar als Ausgangspunkt für eine kritische Auseinandersetzung mit der Realität, statt Massenwahn und

Feindbildprojektion entstand dabei gemeinsames Nachdenken und solidarisches Handeln. Jenseits von moralischen Vorstellungen und Individuallösungen wie eines vermeintlich richtigen Konsumverhaltens blitzte die Vorstellung auf, dass eine wirkliche Veränderung der Situation nur durch eine radikale Veränderung der gesellschaftlichen Verhältnisse zu erreichen sei. Durch ein solidarisches Bezugnehmen aufeinander und mit einem offenen Blick auf den Zustand der Welt entstand in kurzer Zeit das Bewusstsein, dass sowohl die Verbesserung der eigenen Lebensverhältnisse als auch die Lösung der Klimakrise weder individuell herbeigeführt werden können, noch sich widersprechen müssen. Ins Zentrum der Kritik geriet dabei etwas sehr Konkretes: die kapitalistische Produktionsweise mit der damit verbundenen Forderung der eigenen Kontrolle der Produktion.

Die Klimafrage kann, das wurde in dem vorliegenden Buch ausführlich dargestellt, nicht ohne die gesellschaftlichen Produktionsverhältnisse in den Blick genommen und gelöst werden. Es ist davon auszugehen, dass auch in Zukunft gesellschaftliche Konflikte und Kämpfe ausbrechen werden, die mit dem Erhalt industrieller Arbeitsplätze oder der Besteuerung fossiler Brennstoffe zusammenhängen und gleichzeitig die Klimathematik berühren. Angesichts der existenziellen ökologischen Krise einerseits und einer zunehmend reaktionären gesellschaftlichen Tendenz andererseits könnten künftig Auseinandersetzungen wie bei dem Arbeitskampf der GKN Driveline in Florenz oder der Massenbewegung der *Gilets jaunes* in Frankreich den Anlass bieten, auch oder gerade trotz der Zeiten gesellschaftlicher Regression das Lustprinzip nicht vollends ins Jenseits zu verbannen. Es wird Gelegenheiten geben, Kopf, Hand und Herz zusammenzuraufen, gemeinsam zu denken und solidarisch zu handeln. Die Aufgabe läge dann darin, praktische Antworten zu finden, wie nicht nur die gesellschaftliche Verblendung durchbrochen, sondern auch die kapitalistischen Produktions- und Herrschaftsverhältnisse aufgehoben werden könnten. Oder andersherum, wie Marcuse (1973) es in seinem Essay *Natur und Revolution* formuliert hat: »Befreit die Natur«, denn ohne diese Befreiung sei auch eine Befreiung der Menschheit aus der kapitalistischen Ordnung nicht zu haben. Dafür bräuchte es wohl nicht weniger als eine ordentliche Revolution. Mit der daraus gewonnenen Autonomie und einer selbstverwalteten und demokratischen Kontrolle über die Produktionsmittel wäre überhaupt erst die Möglichkeit geschaffen, dass die Menschheit sich der gewaltigen Probleme der Gegenwart und Zukunft samt der ökologischen Krise annehmen und gemeinsame Wege finden kann, sie zu lösen.

Literatur

Adorno, T.W. (1955). Zum Verhältnis von Soziologie und Psychologie. *Gesammelte Schriften, Bd. 8* (S. 42–43). Suhrkamp.

Adorno, T.W. (1966). *Negative Dialektik*. Suhrkamp.

Adorno, T.W. (1969). Marginalien zu Theorie und Praxis. *Gesammelte Schriften, Bd. 10-2*. Suhrkamp.

Adorno, T.W. (1977a [1951]). Minima Moralia. Reflexionen aus dem beschädigten Leben. *Gesammelte Schriften, Bd. 4*. Suhrkamp.

Adorno, T.W. (1977b [1966]). Postscriptum. *Gesammelte Schriften, Bd. 10-2*. Suhrkamp.

Adorno, T.W. (1977c). Kulturkritik und Gesellschaft. *Gesammelte Schriften, Bd. 10-1* (S. 11–30). Suhrkamp.

Adorno T.W. (1977d). Fortschritt. *Gesammelte Schriften, Bd. 10-2* (S. 617–638). Suhrkamp.

Adorno T.W. (1979). *Erziehung zur Barbarisierung. Erziehung zur Mündigkeit*. Suhrkamp.

AfD (2021). Wahlprogramm 2021. https://www.afd.de/wahlprogramm-klima-energie-technik-digitalisierung/ [22.11.2023].

Althaus, J. (2015). Niemand kennt die wirkliche Zahl der Opfer. *Welt*. https://www.welt.de/geschichte/zweiter-weltkrieg/article144994003/Niemand-kennt-die-wirkliche-Zahl-der-Opfer.html

Altvater, E. (1986). *Lebensgrundlage (Natur) und Lebensunterhalt (Arbeit). Zum Verhältnis von Ökologie und Ökonomie in der Krise*. In E. Altvater, E. Hickel & J. Hoffmann (Hrsg.), *Markt, Mensch, Natur. Zur Vermarktung von Arbeit und Umwelt* (S. 133–155). VSA-Verlag.

Andersen, I. (2023). Globale Öl- und Gasförderung verschärft Klimakrise. *Tagesschau*. https://www.tagesschau.de/wirtschaft/weltwirtschaft/un-fossile-energien-klimawandel-100.html [19.11.2023].

ARD-DeutschlandTrend (2024). Zufriedenheit mit Ampel auf neuem Tiefstand. *Tagesschau*. https://www.tagesschau.de/inland/deutschlandtrend/deutschlandtrend-3406.html [25.10.2023].

Augustin, K. (2022). Wir haben uns verrechnet. *taz*. https://taz.de/Oekologischer-Fussabdruck-und-Klimakrise/!5892875/ [25.10.2023].

Bächler, M. (2023). Warme (Vor-)Worte. In T. Meilicke & C. Strobel (Hrsg.), *Aufgeheizt Verschwörungserzählungen rund um die Klimakrise* (S. 7–11). Druck- und Verlagshaus Zarbock.

Belghaus, N. (2021). Bewegung der Corona-Leugner: Wo denken sie hin? *taz*. https://taz.de/Bewegung-der-Corona-Leugner/!5790017/ [01.11.2023].

Berg, P., Brunner, M., Kirchhoff, C., König, J., Lohl, J., Uhlig, T.D. & Winter, S. (2019). Editorial. *Freie Assoziation. Zeitschrift für psychoanalytische Sozialpsychologie, 1*(22), 5–9.

Bernes, J. (2019). Between the Devil and the Green New Deal. *Communemag.* https://communemag.com/between-the-devil-and-the-green-new-deal/ [10.10.2023].

Biden, J.R. (2021). US: Joe Biden signs climate crisis orders. *Deutsche Welle.* https://www.dw.com/en/us-joe-biden-signs-climate-directives-announces-april-summit/a-56365062 [21.10.2023].

Blumenfeld, J. (2023). Climate barbarism: Adapting to a wrong world. *Constellations, 30,* 162–178. https://doi.org/10.1111/1467-8675.12596

Bossert, F. (2022). *Viraler Angriff auf fragile Subjekte. Eine Psychoanalyse der Denkfähigkeit in der Pandemie.* Psychosozial-Verlag.

Böhme, H. (2017). Das Schumpetersche Paradox und die späte Triebtheorie Freuds. In W. Bergande (Hrsg.), *Kreative Zerstörung. Über Macht und Ohnmacht des Destruktiven in den Künsten* (S. 19–57). Turia + Kant.

Brunner, M. (2003). Innere Natur und Vergesellschaftung. *RISSE – Analyse und Subversion, 2003*(5), 33–36.

Brunner, M., Burgermeister, N., Lohl, J., Schwietring, M. & Winter, S. (2012). Das Unbewusste in Organisationen und Kultur. *Freie Assoziation. Zeitschrift für psychoanalytische Sozialpsychologie, 15*(3+4), 31–60.

Brunner, M. & Lohl, J. (2012). »Außerdem würde ich gerne mal einen Orgon-Akkumulator bauen …«: zu Vergangenheit, Gegenwart und Zukunftsperspektiven der psychoanalytischen Sozialpsychologie; Geschichtsüberblick und Umfrageergebnisse. *Psychologie und Gesellschaftskritik, 36*(2+3), 31–60. https://nbn-resolving.org/urn:nbn:de:0168-ssoar-56555-2 [10.10.2023].

Brunner, M. (2015) Vom Ressentiment zum Massenwahn. Eine Einführung in die Sozialpsychologie des Antisemitismus – und die Grenzen psychoanalytischer Erkenntnis. Vorabdruck aus C. Busch, M. Gehrlein & T. Uhlig (Hrsg.)., *Schiefheilungen. Zeitgenössische Betrachtungen über Antisemitismus.* VS Verlag. http://www.agpolpsy.de/wp-content/uploads/2014/10/Brunner-2015-Vom-Ressentiment-zum-Massenwahn.pdf [12.12.2024].

Bruschi, V. & Zeiler, M. (2022). *Klima des Kapitals. Gesellschaftliche Naturverhältnisse und Ökonomiekritik.* Dietz.

Bundesministerium der Verteidigung (2016). Weissbuch. Zur Sicherheitspolitik und Zukunft der Bundeswehr. https://www.bmvg.de/resource/blob/13708/015be272f8c0098f1537a491676bfc31/weissbuch2016-barrierefrei-data.pdf [10.11.2023].

Bundesministerium für Wirtschaft und Klimaschutz (2023). CCU/CCS: Baustein für eine klimaneutrale und wettbewerbsfähige Industrie. https://www.bmwk.de/Redaktion/DE/Artikel/Industrie/weitere-entwicklung-ccs-technologien.html [26.10.2023].

Bundeswehr (2012). Streitkräfte, Fähigkeiten und Technologien im 21. Jahrhundert. https://www.bundeswehr.de/resource/blob/140534/0e09f412cb61da2bef8e5279772c31e3/geo-data.pdf [30.10.2023].

Burkett, P. & Foster, J.B. (2010). Stoffwechsel, Energie und Entropie in Marx' Kritik der Politischen Ökonomie: Jenseits des Podolinsky-Mythos (Teil 2). *PROKLA. Zeitschrift für Kritische Sozialwissenschaft, 40*(160), 417–435. https://doi.org/10.32387/prokla.v40i160.386

Busch, H.-J. (2020). Die Umkehr des Prothesengotts. *Gesellschaft für Psychoanalytische Sozialpsychologie.* https://psychoanalytischesozialpsychologie.de/wp-content/uploads/Busch.-Umkehr-Proth.-Gott-GfpS.pdf [05.11.2023].

Caper, R. (2000). *Seelische Wirklichkeit. Von Freud zu Melanie Klein.* Klett-Cotta.

Chalmin, A. (2021). Geoengineering in the European Union. EU-financed projects and their implications for the European Green Deal. https://eu.boell.org/en/geoengineering-EU [24.10.2023].

Chrupalla, T. (2023). AfD-Chefs fordern »Durchgreifen« gegen Klima-Aktivisten. *Süddeutsche Zeitung.* https://www.sueddeutsche.de/wissen/parteien-afd-chefs-fordern-durchgreifen-gegen-klima-aktivisten-dpa.urn-newsml-dpa-com-20090101-230425-99-445105 [18.12.2024].

Coninck de, H., Babiker, R.A., Bertoldi, P., Buckeridge, M., Cartwright, A., Ford, W.D.J., Fuss, S., Hourcade, J.-C., Ley, D., Mechler, R., Newman, P., Revokatova, A., Schultz, S., Steg, L. & Sugiyama, T. (2018). *Strengthening and Implementing the Global Response* (S. 313–444). Cambridge University Press. https://doi.org/10.1017/9781009157940.006

Curry, D. (2023). Sie nennen es Notwehr. *taz.* https://taz.de/Gewalt-gegen-Klimaaktivistinnen/!5932985/ [03.11.2023].

Dahmer, H. (2013). *Pseudonatur und Kritik. Freud, Marx und die Gegenwart.* Verlag Westfälisches Dampfboot.

Davis, M. (2006). *Vogelgrippe – Zur gesellschaftlichen Produktion von Epidemien.* Assoziation A.

Debord, G. (2022). Der Kranke Planet. *Kosmoprolet, 6,* 106–119.

Decker, O., Kiess, J., Heller, A. & Brähler, E. (2022). *Autoritäre Dynamiken in unsicheren Zeiten.* Psychosozial-Verlag.

Delumeau, J. (1985a). *Angst im Abendland. Die Geschichte kollektiver Ängste im Europa des 14. bis 18. Jahrhunderts, Bd. 1.* Rowohlt Taschenbuch Verlag.

Delumeau, J. (1985b). *Angst im Abendland. Die Geschichte kollektiver Ängste im Europa des 14. bis 18. Jahrhunderts, Bd. 2.* Rowohlt Taschenbuch Verlag.

Dodds, J. (2020). Elemental Catastrophe: Ecopsychoanalysis and the Viral Uncanny of COVID 19. *Stillpoint Magazine, 4.* https://stillpointmag.org/articles/elemental-catastrophe-ecopsychoanalysis-and-the-viral-uncanny-of-covid-19/ [27.11.2023].

Dodds, J. (2021). The psychology of climate anxiety. *The British Journal of Psychiatry Bulletin, 45*(4), 256. https://doi.org/10.1192/bjb.2021.58

Dröge, S. (2011). Geoengineering auf dem Vormarsch – Klimafolgenabwehr durch die USA und China. In V. Perthes & B. Lipperts (Hrsg.), *Ungeplant ist der Normalfall: Zehn Situationen, die politische Aufmerksamkeit verdienen. SWP-Studie, 2011*(S32), Stiftung Wissenschaft und Politik (SWP).

Ebrecht-Laermann, A. (2014). *Angst.* Psychosozial-Verlag.

Ellis, M.V. & Iqbal, S.S. (2021). Is it time to consider dimming the sun? https://www.thecrimson.com/article/2021/10/28/solar-geoengineering/ [20.10.2023].

Engels, F. (1844). Umrisse zu einer Kritik der Nationalökonomie. *Marx-Engels-Werke, Bd. 1* (S. 499–524). Dietz.

Engels, F. (1886 [1885]). Dialektik der Natur. *Marx-Engels-Werke, Bd. 20* (S. 305–570). Dietz.

Ester, M., & Koch, R. (2023). Für eine psychoanalytisch-sozialpsychologische Perspektive auf die Klimakrise. *PROKLA. Zeitschrift für Kritische Sozialwissenschaft, 53*(211), 307–318. https://doi.org/10.32387/prokla.v53i211.2055

Federici, S. (2022). Anmerkung zu Marx und Ökologie. In V. Busch & M. Zeiler (Hrsg.), *Klima des Kapitals. Gesellschaftliche Naturverhältnisse und Ökonomiekritik* (S. 47–58). Dietz.

Foster, J. B. (2018). Der Öko-Marx. *Le Monde Diplomatique.* https://monde-diplomatique.de/artikel/!5508514 [20.10.2023].

Fraser, N. (2023). *Der Allesfresser – Wie der Kapitalismus seine eigenen Grundlagen Verschlingt.* Suhrkamp.

Freud, S. (1915). Zeitgemäßes über Krieg und Tod. *GW X,* S. 323–355.

Freud, S. (1916–17). *Vorlesungen zur Einführung in die Psychoanalyse. GW XI.*

Freud, S. (1919). Das Unheimliche. *GW XII,* S. 227–268.

Freud, S. (1921). *Massenpsychologie und Ich-Analyse. GW XIII,* S. 71–161.

Freud, S. (1923). *Das Ich und das Es. GW XIII,* S. 235–255.

Freud, S. (1924a). Der Realitätsverlust bei Neurose und Psychose. *GW XIII,* S. 363–368.

Freud, S. (1924b). Das ökonomische Problem des Masochismus. *GW XIII,* S. 369–383.

Freud, S. (1926). *Hemmung, Symptom und Angst. GW XIV,* S. 111–205.

Freud, S. (1927). *Die Zukunft einer Illusion. GW XIV,* S. 325–380.

Freud, S. (1930). *Das Unbehagen in der Kultur. GW XIV,* S. 419–506.

Freud, S. (1933). *Neue Folge der Vorlesungen zur Einführung in die Psychoanalyse. GW XV,* S. 1–197.

Fuchs, M. (2020). Eine Kolumne von Marco Fuchs: Gedanken über Zeit und Raum. Uns läuft die Zeit davon. https://www.ohb.de/magazin/space-encounter-uns-laeuft-die-zeit-davon [30.10.2023].

Galander, E. (2022). Ein unheilbarer Riss? Marx Kritik des Verhältnisses zwischen Mensch und Natur. In V. Busch & M. Zeiler (Hrsg.), *Klima des Kapitals. Gesellschaftliche Naturverhältnisse und Ökonomiekritik* (S. 26–46). Dietz.

Gay, P. (1989). *Freud. Eine Biografie für unsere Zeit.* S. Fischer.

Gehrig, T. (2011). Der entropische Marx. Eine Bitte an den Marxismus, die Entropie-Kirche im thermodynamischen Dorf zu lassen. *PROKLA, 41*(4), 619–644.

George, W. M. (2022). Zur menschlichen Angst in der Genese des Anthropozäns und bei der Auseinandersetzung mit ihm. In W. George & K. Weber (Hrsg.), *Fehlendes Endlichkeitsbewusstsein und die Krisen im Anthropozän* (S. 123–160). Psychosozial-Verlag.

Giessler, D. (2019). Nazis bedrohen Klimaaktivist*innen. *taz.* https://taz.de/Braunkohleproteste-in-der-Lausitz/!5640609/ [01.11.2023].

GKN for future (2024). Flugblatt Nachhaltige Jobs statt Schließung. Jetzt brauchen wir dich! https://www.labournet.de/wp-content/uploads/2024/09/klimagew-gkn.pdf

Grieger, F. (2023). Berliner Behörden ermitteln in 99 Fällen gegen aggressive Autofahrer und Passanten. *RBB.* https://www.rbb24.de/panorama/beitrag/2023/07/berlin-letzte-generation-aggressive-autofahrer-keine-notwehr-angriffe-auf-aktivisten.html [01.11.2023].

Habibi-Kohlen, D. (2019). Die gefühlte Bedeutungslosigkeit des Klimawandels. *Freie Assoziation. Zeitschrift für psychoanalytische Sozialpsychologie, 22*(1), 30–46.

Habibi-Kohlen, D. (2020). Fünf nach zwölf? *Psychoanalyse im Widerspruch, 2020*(63), 5–31.

Habibi-Kohlen, D. (2021). Zur zeitbedingten Abwehr der Klimakrise. Wie wir uns die Klimakrise bedeutungslos machen und wie der Zeitgeist uns dabei hilft. In L. Dohm, F. Peter & K. van Bronswijk (Hrsg.), *Climate Action. Psychologie der Klimakrise* (S. 45–64). Psychosozial-Verlag.

Hawel, M. & Blanke, H. (2012). *Kritische Theorie der Krise.* Karl Dietz Verlag.

Hennies, M. (2015). Wie das »Jahr ohne Sommer Europa« veränderte. *Deutschlandfunk.*

https://www.deutschlandfunk.de/der-ausbruch-des-tambora-wie-das-jahr-ohne-sommer-europa-100.html [29.10.2023].
Henninger, M. (2015). Neues vom kranken Planeten. Zu einem Text aus dem Nachlass Guy Debords. *Sozial. Geschichte Online, 17*, 83–102. https://duepublico2.unidue.de/servlets/MCRFileNodeServlet/duepublico_derivate_00040367/05_Henninger_Debord.pdf [17.11.2023].
Herrmann, U. (2022). *Das Ende des Kapitalismus Warum Wachstum und Klimaschutz nicht vereinbar sind – und wie wir in Zukunft leben warden.* Verlag Kiepenheuer & Witsch.
Hiar, C. (2023). Efforts to block sunlight get boost from prominent scientists. https://www.eenews.net/articles/efforts-to-block-sunlight-get-boost-from-prominent-scientists/ [29.10.2023].
Hinshelwood, R.D. (1993 [1989]). *Wörterbuch der kleinianischen Psychoanalyse.* Verlag Internationale Psychoanalyse.
Hoggett, P. (2019). *Climate Psychology. On Indifference to Disaster.* Palgrave Macmillan.
Horkheimer, M. (1947). Zur Kritik der instrumentellen Vernunft. *Gesammelte Schriften, Bd. 6.* Suhrkamp.
Horkheimer, M. & Adorno, T.W. (1969 [1944]). Dialektik der Aufklärung. In T.W. Adorno, *Gesammelte Schriften, Bd. 3.* Suhrkamp.
Huber, M.T. (2022). *Climate Change as Class War. Building Socialism on a Warming Planet.* Verso Books.
Iken, K. (2010). »Ein lebendiges Ding, eine neue Art Lebewesen«. *Der Spiegel.* https://www.spiegel.de/geschichte/erster-atomwaffentest-a-946526.html [12.12.2024].
Intergovernmental Panel on Climate Change (2023). AR6 Synthesis Report. https://www.ipcc.ch/report/ar6/syr/downloads/press/IPCC_AR6_SYR_PressRelease_en.pdf [23.03.2023].
Internationale Energieagentur (2023). CO2 Emissions in 2022. https://iea.blob.core.windows.net/assets/3c8fa115-35c4-4474-b237-1b00424c8844/CO2Emissionsin2022.pdf [28.10.2023].
Joeres, A. & Götze, S. (2020). Das Heartland Institute: Wie US-Klimaleugner Politik in Europa Machen. *Correctiv.* https://correctiv.org/aktuelles/2020/02/04/das-heartland-institute-wie-us-klimaleugner-politik-in-europa-machen/ [14.11.2023].
Kassouf, S. (2022). Thinking catastrophic thoughts: A traumatized sensibility on a hotter planet. *American Journal of Psychoanalysis, 2022*(82), 60–79.
Kirchhoff, C. (2011). Hass auf Vermittlung und »Lückenphobie« Zur Aktualität der Psychoanalyse. *Phase 2*(41). https://www.phase-zwei.org/hefte/artikel/hass-auf-vermittlung-und-lueckenphobie-103 [18.11.2023].
Kirchhoff, C. (2013). Todestrieb und Amoklauf. Ein Übersetzungsversuch. In M. Brunner & J. Lohl (Hrsg.), *Normalungetüme* (S. 59–76). Psychosozial-Verlag.
Kirchhoff, C. (2014). Anpassung und Unvernunft. Die Bedeutung der Lebensnot bei Freud und Adorno. In C. Kirchhoff & F. Schmieder, *Adorno und Freud. Zur Urgeschichte der Moderne* (S. 7–24). Kadmos.
Klein, M. (1933). Die frühe Entwicklung des kindlichen Gewissens. *GSK I,* S. 1–20.
Klein, M. (1946). *Bemerkungen über einige schizoide Mechanismen. GSK III,* S. 1–41.
Klein, M. (2015 [1952]). Über das Seelenleben des Kleinkindes. Einige theoretische Betrachtungen. In H.A. Thorner (Hrsg.), *Das Seelenleben des Kleinkindes und andere Beiträge zur Psychoanalyse* (S. 187–224). Stuttgart: Klett-Cotta.

Klein, M. (1960). Über das Seelenleben des Kleinkindes [Sonderheft]. *PSYCHE, 14*(5), 216–384.

Klein, M. (1972). *Das Seelenleben des Kleinkindes und andere Beiträge zur Psychoanalyse.* Rowohlt Taschenbuch Verlag.

Klein, N. (2015). *Die Entscheidung. Kapitalismus vs. Klima.* S. Fischer.

Kolbert, E. (2021). *Wir Klimawandler.* Suhrkamp.

Küpper, B, Sandal-Önal, E. & Zick, A. (2023). Demokratiegefährdende Radikalisierung in der Mitte. In A. Zick, B. Küpper, N. Mokros & Friedrich-Ebert-Stiftung (Hrsg.), *Die distanzierte Mitte. Rechtsextreme und demokratiegefährdende Einstellungen in Deutschland 2022/23* (S. 91–149). Dietz.

Lamberty, P. (2023). »Teil der Bevölkerung ist nicht zu erreichen«. T-online.de. https://www.t-online.de/nachrichten/deutschland/gesellschaft/id_100210396/klimakrise-schon-bei-hitzetipps-des-ministeriums-gibt-es-streit.html [05.11.2023].

Lamberty, P. & Holnburger, J. (2023). Verschwörungserzählungen und die AfD. *Cemas.* https://cemas.io/blog/verschwoerungserzaehlungen-und-die-afd/ [29.11.2023].

Lamberty, P. & Nocun, K. (2023). »It's a money industry, ok? It's a hoax« – Verschwörungserzählungen im Kontext der Klimakrise. In T. Meilicke & C. Strobel (Hrsg.), *Aufgeheizt Verschwörungserzählungen rund um die Klimakrise.* Druck- und Verlagshaus Zarbock.

Laplanche, J. & Pontalis, J.-B. (1973 [1967]). *Das Vokabular der Psychoanalyse* (Übers. E. Moersch). Suhrkamp.

Lessenich, S. (2019). Zwanghafte Selbstverhältnisse. Die Wachstumsgesellschaft und ihr Subjekt. *Freie Assoziation. Zeitschrift für psychoanalytische Sozialpsychologie, 22*(1), 15–28.

Lord Byron, G.G. (2017). *Gedichte 1816. Ausgewählt, übersetzt & herausgegeben von Günter Plessow.* Edition Signathur.

Malm, A. (2016). *Fossil Capital: The Rise of Steam Power and the Roots of Global Warming.* Verso Books.

Malm, A. (2021). *Der Fortschritt dieses Sturms.* Verlag Matthes & Seitz.

Malm, A. (2022). The Future is the Termination Shock: On the Antinomies and Psychopathologies of Geoengineering. *Historical Materialism, Part One.* https://doi.org.10.1163/1569206X-20222369

Malm, A. (2023). The Future is the Termination Shock: On the Antinomies and Psychopathologies of Geoengineering. *Historical Materialism, Part Two.* https://doi.org/10.1163/1569206x-20232430

Malm, A. & the Zetkin Collective (2021). *White Skin, Black Fuel: On the Danger of Fossil Fascism On the Danger of Fossil Fascism.* Verso.

Malthus, T.R. (2017 [1798]). *The Principle of Population.* Hrsg. v. J.E. Chaplin. Norton Critical Editions.

Manemann, J. (2014). *Kritik des Anthropozäns: Plädoyer für eine neue Humanökologie.* Transcript Verlag.

Marcuse, H. (1955). *Eros and Civilization: A Philosophical Inquiry into Freud.* Beacon Press.

Marcuse, H. (1965). *Triebstruktur und Gesellschaft. Ein philosophischer Beitrag zu Sigmund Freud.* Suhrkamp.

Marcuse, H. (1973). *Konterrevolution und Revolte.* Suhrkamp.

Marx, K. (1844). Zur Kritik der Hegelschen Rechts-Philosophie. *Marx-Engels-Werke, Bd. 1.* Dietz.

Marx, K. (1867). Das Kapital, Bd. 1: Kritik der politischen Ökonomie. *Marx-Engels-Werke, Bd. 23.* Dietz.

Marx, K. (1894). Das Kapital, Bd. 3: Kritik der politischen Ökonomie. *Marx-Engels-Werke, Bd. 25.* Dietz.

Marx, K. & Engels, F. (1845/46). Die deutsche Ideologie. *Marx-Engels-Werke, Bd. 3.* Dietz.

Mattick, P. (1976). Kapitalismus und Ökologie. Vom Untergang des Kapitals zum Untergang der Welt. *Jahrbuch Arbeiterbewegung, 4.* Fischer Taschenbuch. https://www.marxists.org/deutsch/archiv/mattick/1976/okologie.htm [30.11.2023].

Meadows, D.H., Meadows, D.L., Randers, J. & Behrens III, W.W. (1972). *The limits of growth. A Report for the Club of Rome's Project on the Predicament of Mankind.* https://collections.dartmouth.edu/content/deliver/inline/meadows/pdf/meadows_ltg-001.pdf [23.11.2023].

Meilicke, T. & Strobel, C. (2023). Einleitung. In T. Meilicke & C. Strobel (Hrsg.), *Aufgeheizt: Verschwörungserzählungen rund um die Klimakrise.* Druck- und Verlagshaus Zarbock.

Moore, J.W. (2016). Über die Ursprünge unserer ökologischen Krise. *PROKLA, 46*(4), 599–619.

Ottomeyer, K. (2022). *Angst und Politik.* Psychosozial-Verlag.

Pistorius, B. (2023). Pistorius fordert Mentalitätswechsel. *tagesschau.* https://www.tagesschau.de/inland/innenpolitik/pistorius-bundeswehr-114.html [18.12.2024].

Pohl, R. (2009). Der antisemitische Wahn. Vorabdruck aus W. Stender, G. Follert & M. Özdogan (Hrsg.), *Konstellationen des Antisemitismus.* VS Verlag für Sozialwissenschaften. http://www.agpolpsy.de/wp-content/uploads/2009/05/rolf-pohl-der-antisemitische-wahn.pdf [12.12.2024].

Purdy, J. (2020). *Die Welt und wir. Politik im Anthropozän.* Suhrkamp.

Reusswig, F. & Küpper, B. (2023). Klimapolitische Einstellungen im Kontext des Krieges gegen die Ukraine. In N. Mokros, A. Zick & B. Küpper (Hrsg.), *Die distanzierte Mitte. Rechtsextreme und demokratiegefährdende Einstellungen in Deutschland 2022/23* (S. 289–314). Dietz.

Saito, K. (2023). *Systemsturz. Der Sieg der Natur über den Kapitalismus.* dtv Verlag.

Sander, L. (2022). Solar-Ausbau wird verdoppelt. *taz.* https://taz.de/Erneuerbare-Energien-in-China/!5860201/ [29.11.2023].

Schaupp, S. (2023). *Stoffwechselpolitik. Arbeit, Natur und die Zukunft des Planeten.* Suhrkamp.

Schmied-Kowarzik, W. (2018). *Das dialektische Verhältnis des Menschen zur Natur und seine Gefährdung.* Verlag Karl Alber.

Schneider, L. (2019). Fixing the Climate? How Geoengineering Threatens to Undermine the SDGs and Climate Justice. *Development, 62,* 29–36. https://doi.org/10.1057/s41301-019-00211-6

Schneider, L. (2022). Gefährliche Fantasien der Klima-Manipulation. *Böll Stiftung.* https://www.boell.de/de/2022/03/21/gefaehrliche-fantasien-der-klima-manipulation [20.10.2023].

Scholz, O. (2023). Olaf Scholz: Neue Härte in der Flüchtlingspolitik. *Der Spiegel,* https://www.spiegel.de/politik/deutschland/olaf-scholz-ueber-migration-es-kommen-zu-viele-a-2d86d2ac-e55a-4b8f-9766-c7060c2dc38a [12.12.2024].

Segal, H. (1983). *Melanie Klein. Einführung in ihr Werk.* Fischer Taschenbuch Verlag.

Simmel, E. (1946). Antisemitismus und Massen-Psychopathologie. *Psyche. Zeitschrift für Psychoanalyse und ihre Anwendungen, 32*(5-6), 492–527.

Stirn, A. (2002). Pinatubo gibt Geologen Rätsel auf. *Der Spiegel*. https://www.spiegel.de/wissenschaft/natur/zehn-jahre-danach-pinatubo-gibt-geologen-raetsel-auf-a-182408.html [01.10.2023].

Storck, T. (2020). 100 Jahre Rezeption des Todestriebkonzepts. *Psyche*, *74*(11), 831–868.

Stratview Research (2022). Carbon Capture and Storage Market Size, Share, Forecast, Growth, and Industry Analysis. *Stratview Research*. https://www.stratviewresearch.com/1750/carbon-capture-and-storage-market.html [01.10.2023].

Temple, J. (2022). The US government is developing a solar geoengineering research plan. *MIT Technology Review*. https://www.technologyreview.com/2022/07/01/1055324/the-us-government-is-developing-a-solar-geoengineering-research-plan [10.12.2024].

Trump, J. D. (2024). Trump kündigt »größte Deportation der US-Geschichte« an. *Handelsblatt*. https://www.handelsblatt.com/video/politik/usa-trump-kuendigt-groesste-deportation-der-us-geschichte-an/29736966.html [12.12.2024].

UNHCR (2023). Klimawandel als Fluchtgrund. https://www.uno-fluechtlingshilfe.de/hilfe-weltweit/themen/fluchtursachen/klimawandel

UNRIC (2023). UN-Welternährungsbericht: 735 Millionen Menschen hungern. https://unric.org/de/welternaehrungsbericht13072023/ [10.12.2024].

Vernhes, M.-D. (2019). Politische Inhalte und Aktionsformen der Gilets Jaunes. In P. Wahl (Hrsg.), *Gilets Jaunes. Anatomie einer ungewöhnlichen sozialen Bewegung* (S. 71–85). Papy Rosa.

Voller, C. (2022). *In der Dämmerung: Studien zur Vor- und Frühgeschichte der Kritischen Theorie*. Matthes & Seitz Verlag.

Wallace, R. (2020). *Was COVID-19 mit dem Agrobusiness zu tun hat*. PapyRossa Verlag.

Wirth, H.-J. (2020). Warum wir auch jetzt keine Vegetarier werden. *Spiegel Online*. https://www.spiegel.de/psychologie/coronavirus-bei-toennies-warum-wir-auch-jetzt-keine-vegetarier-werden-a-8afc8b9d-b7c4-46f9-a8e9-3b399be03ee5 [13.10.2023].

Weintrobe, S. (2020). Die Arche Noha-Mentalität des 21. Jahrhunderts. *Psychoanalyse im Widerspruch*, *2020*(63), 33–40.

Weintrobe, S. (2023). *Psychische Ursachen der Klimakrise. Neoliberaler Exzeptionalismus und die Kultur der Achtlosigkeit*. Psychosozial-Verlag.

World Meteorological Organization (2023). State of the Climate in Africa. https://library.wmo.int/viewer/67761/download?file=1330_State-of-the-Climate-in-Africa-2022_en.pdf&type=pdf&navigator=1 [05.11.2023].

WWF (2023). WWF-Klimarechner. https://www.wwf.de/themen-projekte/klimaschutz/wwf-klimarechner [19.10.2023].

Zick, A., Küpper, B., Mokros, N. & Friedrich-Ebert-Stiftung (Hrsg.). (2023). *Die distanzierte Mitte. Rechtsextreme und demokratiegefährdende Einstellungen in Deutschland 2022/23*. Dietz.

Zick, A. & Sandal-Önal, E. (2023). Krisenungewissheit und ihr Zusammenhang zu anti- und prodemokratischen Überzeugungen. In A. Zick, B. Küpper, N. Mokros & Friedrich-Ebert-Stiftung (Hrsg.), *Die distanzierte Mitte. Rechtsextreme und demokratiegefährdende Einstellungen in Deutschland 2022/23* (S. 219–243). Dietz.